はじめに

　わかってできるたのしい授業をしたい。教員なら、誰でもそんな願いをもっているはずです。しかし、時間に追われる毎日の中で、ひとりひとりの子どもに合わせた教具の準備はできていないのではないでしょうか。
　本書は、困難な条件の下でも〈子どもの課題に合わせた教具（「おたすけ教具」と名づけました）を使いたい〉という願いを実現するためにうまれました。
　本書は、以下のような方針で編集しました。

○私の知る手づくり教具の中から〈おたすけ教具〉にふさわしいものを25種類にしぼって紹介する。
○材料の入手方法や作り方のポイント、実践例をわかりやすく示す。
○少しでも手軽に作れるよう、インターネット上のWebページ〈さんすうしい！！〉（http://ami.to/sanssouci/）に型紙などを公開し、ダウンロードできるようにする。

　これらによって、優れた〈おたすけ教具〉を日々の授業に取り入れることができると考えたのです。
　本書に収録した〈おたすけ教具〉は、数教協（http://ami.to/）とその会員のたゆまぬ研究の中で開発されてきた理論・実践を参考に作られたものです。この場を借りて、多くの先輩方に感謝の意を表したいと思います。
　本書によって、わかってできるたのしい算数の授業がさらに広がることを願っています。

　　　　　　　　　　　　　　　　　　何森真人（大阪数学教育協議会会員）

本書の使い方

　本書では、ひとつの教具を【実践例】2ページ（一部3ページ）・【作り方】2ページ（一部1ページ）で紹介しています。

【実践例】について
○1ページ目では、対応する学年や教具の特長を示しています。特に最も上段には、基本的なデータをわかりやすくあらわしています。

[例]

①	②	③
時　間　10分	費　用　100円	💻

①時　　間　｜ 1個を作るときの目安です。たくさん作る場合は、個数
②費　　用　｜ 倍よりも短く・安くできると思います。
③マ ー ク　マークがあれば〈さんすうしぃ！！〉（http://ami.to/sanssouci/）に、教具の型紙などのデータがあります。
☆タ　　ブ　見開きの右側に学年を表示してあります。濃い色は主に扱う学年、薄い色は関連して扱える学年です。
○2（〜3）ページ目は、具体的な実践例です。**ステップ**は連続した学習の流れをあらわします。**パート**は複数単元での活用や、ひとつの単元の連続しない流れをあらわします。

【作り方】について
○材料（値段や必要な数の目安）・道具・作り方（手順とポイント）をわかりやすく説明しています。116〜117ページには主な材料・道具の購入先の目安をまとめています。あわせてご活用ください。
○本書の内容については、〈さんすうしぃ！！〉（http://ami.to/sanssouci/）に関連情報を掲載しています。随時更新していきますので、型紙の改良版・修正版などがアップされることがあります。また、本文にはダウンロードマークが無い場合でも、今後、関連データがアップされることもあります。

もくじ

はじめに／本書の使い方

厳選！おたすけ教具
- パタパタわり算練習器 …………… 6
- クリアホルダーde計算 …………… 10
- 竹「柄（がら）」ものさし …………… 14
- するするタイル …………………… 18
- パタパタ単位換算器 ……………… 22

特選！おたすけ教具
- じゃらじゃら ……………………… 26
- キャタピラタイル ………………… 30
- COLUMN① ものの「見え方」
- タイルそろばん …………………… 34
- マグネットタイル ………………… 38
- 単針時計 …………………………… 42
- COLUMN② 「時計読み」の学習
- 時計おたすけシール ……………… 46
- COLUMN③ 教具を「育てる」
- パンチングジオボード …………… 50
- かけ算九九下じき ………………… 54
- 長さメーカー ……………………… 58
- 位取り定規 ………………………… 62
- かんたんタングラム ……………… 66
- ストローde立体 …………………… 70
- わり算カード ……………………… 74
- らくらく計算シート ……………… 78
- 分数定規 …………………………… 82

COLUMN④ ひっ算の補助数字
- 分数シート ………………………… 86
- COLUMN⑤ 図形をたのしむ本
- かんたん分度器 …………………… 90
- COLUMN⑥ ウェーブメモリ
- 面積はかり器 ……………………… 94
- COLUMN⑦ 教具の本
- 文字箱キャラメル ………………… 98
- 対称ものさし ……………………… 102

教材教具カタログ
1. いろいろなタイル ……………… 106
2. たまごパック …………………… 107
3. 紙パック ………………………… 108
4. トレーシングペーパー／
   透明折り紙ほか ………………… 109
5. ぶんまわし／くるんパス ……… 110
6. 外国のお金 ……………………… 111
7. ヨーロッパのワイン瓶 ………… 112
8. ポリドロン／
   マグネットスティック ………… 113
9. マトリョーシカほか …………… 114
10. プラレール／ライントレーサー
    ……………………………………… 115

主な材料・道具一覧＆購入先
**『ワッとわく授業の上ネタ』シリーズ
収録・教材教具一覧**

《教具と学年・単元の対応表》

- それぞれの教具がどの学年のどの単元に対応しているのかの目安です。
- ▓▓ は対応する単元、☐ は対応できる可能性のある単元です。

※単元名は一般的なものです。教科書での単元名とはちがうことがあります。
また、学年は2011年度からの学習指導要領をもとにしています。

	1年	2年	3年	4年	5年	6年
わり算練習器			整数のわり算	整数のわり算	小数のわり算	
クリアホルダー	たし算・ひき算・かけ算・わり算					
竹「柄」ものさし		長さ				
するするタイル		ひき算	ひき算			
単位換算器				単位換算		メートル法
じゃらじゃら	数の分解					
キャタピラタイル	十の合成・分解	十の合成・分解				
タイルそろばん	たし算・ひき算	たし算・ひき算				
マグネットタイル	整数・小数・分数と、そのたし算・ひき算・かけ算・わり算					
単針時計	時計読み					
時計おたすけ	時計読み	時計読み				
ジオボード		三角形・四角形	いろいろな平面図形			
九九下じき			かけ算九九			
長さメーカー		長さ				
位取り定規		大きな数		小数	小数	
タングラム		いろいろな平面図形				
ストロー立体		箱の形		直方体・立方体	いろいろな立体と体積	
わり算カード			わり算	わり算		
計算シート		たし算	たし算	かけ算	たし算・かけ算	
分数定規				分数	分数	
分数シート				分数		分数
かんたん分度器				角と角度		
面積はかり器				面積	多角形の面積	
文字キャラメル						文字と式
対称ものさし						対称図形

時　間　10分	費　用　11円	

4年 パタパタわり算練習器

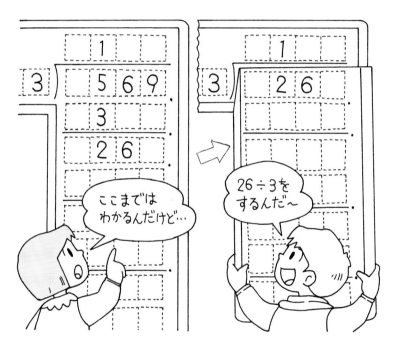

ひっ算は、わり算の計算には欠かせません。しかし、商が2けた・3けたになると、わられる数が下へ移動していくことにとまどう子どもが少なくありません。「見方がわかれば使いやすいが、わかるまではむずかしい」―そんなわり算のひっ算の「わられる数の見方」がわかる教具を紹介します。

ステップ 1 〈わられる数〉の見方

> わり算のひっ算をします。
> 「569÷3」をひっ算に書きましょう。

◆ひっ算自体の学習はすんでいる段階を想定しています。ひっ算は、遅くとも3年生の〈あまりのあるわり算〉で学習することを強くおすすめします。

> 百の位に1がたちますね。
> たてる→かける→ひく→おろすで、次は「26÷3」ですが…。

子ども：え〜、26って、どこ？

> たしかに、わかりにくいですね…。そこで、〈パタパタわり算練習器〉を使うと…。

子ども：あっ、なるほど〜！

◆右のイラストのようにたたみながら計算を進めます。最後まで計算してからもう一度広げると、書き進めたときとおなじ形が見えるので、より理解が深まります。

【ひっ算での〈わられる数〉のむずかしさ】

わり算のひっ算は、一回ごとに〈わられる数〉が移動するので、とまどう子どももいます。それを見やすくすることで理解につなげる工夫は、下田正義さん（京都数教協）の発案です。

材 料

コピー用紙
（B5～A3）
1枚
（1円／枚）

ラミネートフィルム
（コピー用紙にあったサイズ）
1枚
（10円／枚）

道 具

ラミネーター

作り方

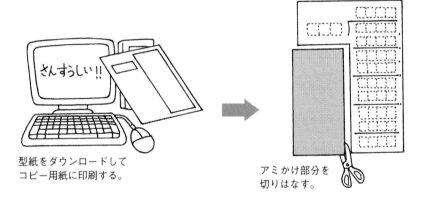

型紙をダウンロードしてコピー用紙に印刷する。

アミかけ部分を切りはなす。

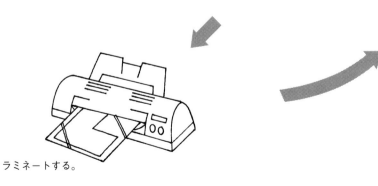

ラミネートする。

はさみ
カッターナイフ
カッターマット
定規
セロハンテープ

かどまる

角を丸める道具
（あると便利）

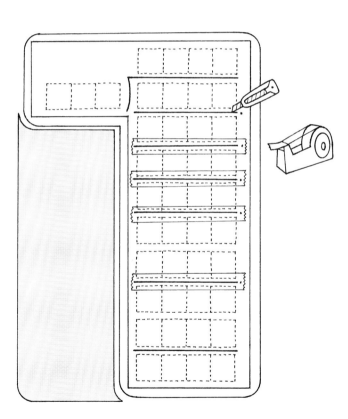

目印（・）のところで切りはなしてから、少し間をあけて、
セロハンテープを貼ってつなぐ。

時　間　5分	費　用　11円〜	

クリアホルダーde計算

シートをクリアホルダーに入れて、水性マジック（ホワイトボード用がベスト）で、ホルダーの上から書きます。ティッシュで消せる「簡易ホワイトボード」になります。

　計算の意味の理解には、操作活動が欠かせません。しかし、操作の方法をよく考えなければ、「ものを動かすこと」が苦手な子にはかえって負担になってしまいます。
　〈クリアホルダーde計算〉は「水性マジックで書いてティッシュペーパーで消す簡易ホワイトボード」です。子どもに合わせてワークシートを作ることで、たのしく操作できます。

パート1　たし算

「りんごが3個あります。2個もらいました。全部で何個でしょう」タイルを用意して、式を書きましょう。

◆たし算の意味と式の表記は学習済みの段階を想定しています。

◆鉄の板（百均のスチールトレーなど）にクリアホルダーを貼ってからシートを差し込むと、磁石入りのブロックがくっついて、より使いやすくなります。

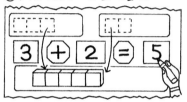

まず、タイルを使って計算しましょう。できたら、答えを書きましょう。

子ども：3＋2で5になるね。

パート2　ひき算

「みかんが6個あります。2個食べました。残りは何個でしょう」タイルを用意して、式を書きましょう。

◆ひき算の意味と式の表記は学習済みの段階を想定しています。

まず、タイルを使って計算しましょう。できたら、答えを書きましょう。

子ども：6－2で4だ〜。

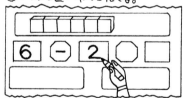

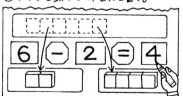

パート3　かけ算

「あめを2個ずつ、5人に配ります。全部で何個いりますか？」わかることをシートに書きましょう。

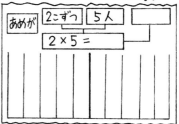

式を書いてから、タイルを使って計算しましょう。できたら答えも書きましょう。

◆タイルがなければ、体積の学習で使う1cm角ブロックなどが使えます。

パート4　わり算

「12個のあめを4人に同じずつわけます。1人分は何個になるでしょうか？」

◆かけ算と同様にわかることをシートに書いてから式を書き、タイル操作をしたあと、答えを書きます。

◆わり算の学習は〈1あたりわり算（等分除）〉を中心に進め、〈いくつ分わり算（包含除）〉に進みます。詳しくは、『算数おもしろ授業1〜3年』収録の「2つのわり算」をご覧ください。

【操作活動を「手軽に」】

ワークシートを使った操作活動は準備が面倒になりがちですが、ここで紹介した方法なら、何度もくり返し手軽にできます。〈クリアホルダーde計算〉は下田正義さん（京都数教協）の発案です。

コピー用紙 (B5〜B4)	透明クリアホルダー (コピー用紙にあったもの)	金属の板と両面テープ (磁石を使う場合)
		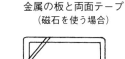
1枚 (1円／枚)	1枚 (10円／枚)	1枚 (100円／枚)

必要な型紙を
ダウンロードして、
コピー用紙に印刷する。

そのままクリアホルダーに
はさむ。

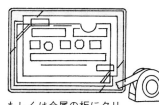

もしくは金属の板にクリ
アホルダーを両面テープ
で貼ってからはさむ。

たし・ひき算用

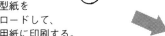

かけ算用

わり算用

※まだまだ増えるかも…。

| 時　間　10分 | 費　用　40円 | |

2年　竹「柄（がら）」ものさし
―めざせ！ ものさしマスター!!―

〈竹ものさしの場合〉　　〈竹「柄」ものさしの場合〉

　２年生の〈長さ〉の学習では、竹ものさしが使われています。しかし、竹ものさしは不透明なので、ものを押さえて測ることができません。一方、２年生の子どもにとって〈ものさしをものに沿わせて長さを測る〉ことは、なかなかむずかしいのです。
　教科書に合わせて竹ものさしを使いたいが、不透明なので困る…。そんなときに便利なのが〈竹ものさし柄（がら）プラスチックものさし（略称：竹「柄」ものさし）〉です。
　ここでは、ものさしの使い方をたのしく習熟する〈ものさしマスター〉の取り組みとあわせて紹介します。

ス**テップ** 1 はかれマスター（測る）

 では、③番の長さを測りましょう。

◆長さの意味を理解し、ものさしの学習をひと通り終えた段階で、〈ものさしマスター〉の検定に入ります。

◆まず、「○cmちょうど」の長さが測れるかどうかを確かめるので、①〜③から1問、問題を出します。

◆検定は、ひとりずつ（せいぜい2〜3人の少人数で）行います。

 次に、④番の長さを測りましょう。

◆つづいて「○cm」と「5mm」の長さが測れるかを確かめます。④〜⑥から1問、問題を出します。

 最後に、⑧番の長さを測りましょう。

◆最後に「○cm□mm」の長さが測れるかを確かめます。⑦〜⑨から1問、問題を出します。

◆検定セットは〈竹「柄」ものさし〉と同じく〈さんすうしい！！〉でダウンロードできます。検定用紙はもちろん、検定の練習ワーク・ものさしマスター認定証（名刺サイズ用紙に印刷してラミネートする）などがそろっていますので、ぜひ使ってください。

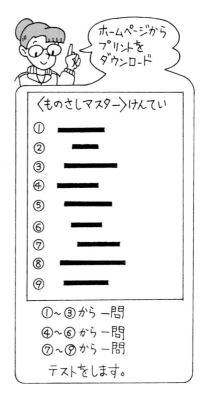

ステップ 2　かけマスター（かく）

 では、6cmの直線をかいてください。

◆まず、「○cmちょうど」の長さをかけるかどうかを確かめます。
◆やはり、ひとりずつ（せいぜい2～3人の少人数で）行います。
◆〈かけマスター〉は、B5判程のコピー用紙を使って行います（ワークシートはありません）。

 次に、7cm5mmの直線をかいてください。

 最後に4cm3mmの直線をかいてください。

※ 0cm1～4mmよりも0cm6～9mmの方が少しむずかしくなります。

◆〈はかれマスター〉と〈かけマスター〉の両方に合格して〈ものさしマスター〉になった子どもは、例えば〈はかれマスター〉の模擬試験を担当するとよいでしょう。教え合い・学び合いが生まれ、学習集団づくりにつながるかもしれません。

【習熟もたのしく！】

ものさしにかぎらず、コンパスや分度器などの道具を練習する時間は、なかなかとれません。だからこそ、子どもたちがやる気になる道具と取り組みの工夫が大切です。

 算数おもしろ教具
○長さメーカー

材料

透明フィルムラベル
（A4）

1枚で8本分
（150円／枚）

プラスチック下じき
（透明または半透明）

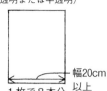

幅20cm以上

1枚で8本分
（100円／枚）

道具

カッターマット
カッターナイフ
定規　ヘラ

作り方

型紙をダウンロードして、
透明フィルムラベルに印刷する。

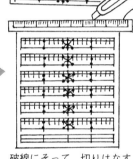

破線にそって、切りはなす。

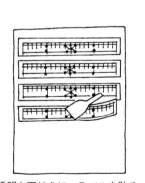

透明な下じきに、ラベルを貼る。

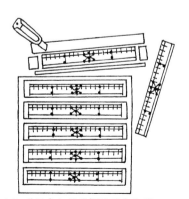

トンボに合わせて切りはなして
完成。

| 時　間　15分 | 費　用　10円 | |

2年 するするタイル
－操作を通して意味がわかる－

　２年生以上になっても、指を使わないとくり下がりのあるひき算のできない子どもがいます。子どもの実態や学習の段階によって指を使う必要がある場合もありますが、やはり指から離れて計算ができるようになることは大切です。
　〈指を使わない〉ことを強制するのではなく、たっぷりと操作することで理解を積み重ね、その上で〈指から離れる〉ことを目指したい。そう考えて開発したのが、〈するするタイル〉です。

ステップ 1　「指算」から脱出する

「12個のキャラメルがあります。7個食べました。残りは何個でしょう？」どんな式になりますか？

子ども：12－7です！

そうですね。では、〈するするタイル〉を使って計算してみましょう。

◆くり下がりのあるひき算には、①減加法（引かれる数の十の位から引く数をとり、一の位と合わせる）、②減減法（引かれる数の一の位から引く数の一部をとり、たりない分を十の位からとる）などの方法がありますが、〈苦手〉を克服するために、減加法に限定して使います。

〔するするタイルの使い方〕

①するするタイルの
　左側(十の位)を10、
　右側(一の位)を2、
　外に出す。

②十の位の10から
　7をとります。
　（7個分を中に入れる。）

③外に出ている
　3と2を合わせて、
　答えは5になります。

※減加法に限定するので
　十の位から7をとることにします。

【くり下がりのあるひき算の計算】

　この教具は、〈1年生で学習したくり下がりのあるひき算が苦手な2年生以上の子ども〉に使うことを想定しています。

　1年生の学習では、上で紹介した減加法だけでなく、数え引きや減々法などいろいろな方法を使ってひき算のイメージを広げることが大切です。そんな時期には、この〈するするタイル〉は、向いていません。〈するするタイル〉はすぐれた〈おたすけ教具〉ですが、どれほどすぐれた教具でも、使うのに適した時期があると考えています。

　〈するするタイル〉は石原清貴さん（四国地区数教協）の発案です。

材　料

半透明クリアホルダー
（A4・緑）

1枚で6個分
（10円／枚）

色画用紙
（B5・黄）

1枚で5個分
（5円／枚）

コピー用紙
（A4）

（1円／枚）

両面テープ
（幅5mm）

（100円／個）

作り方

ガイド台紙　スライド棒

ガイド台紙をダウンロードしてコピー用紙に、スライド棒をダウンロードして色画用紙に印刷する。

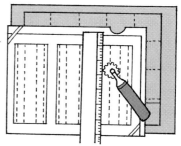

クリアホルダーの中にカッターマットを入れ、その上にガイド台紙を入れる。クリアホルダーの上から台紙の破線に沿って、ミシン目を入れる。

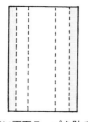

両端に両面テープを貼る。

ミシン目に沿って、4か所を山折りにする。

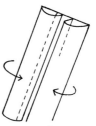

両面テープのはくり紙をはがして、貼りつけ、筒状にする。

道 具

ビニールテープ
（幅20mm・緑）

（50円／個）

カッターマット
カッターナイフ
はさみ
定規
ミシン目カッター

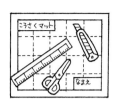

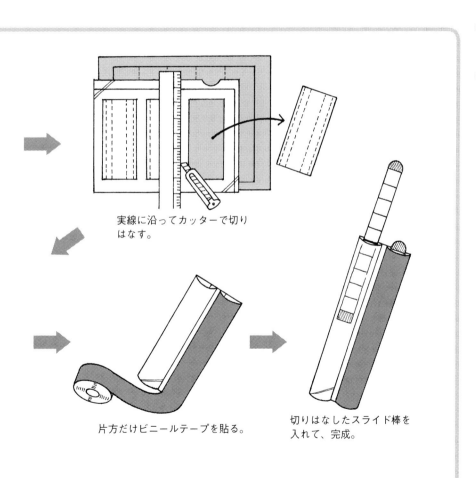

実線に沿ってカッターで切りはなす。

片方だけビニールテープを貼る。

切りはなしたスライド棒を入れて、完成。

| 時　間　5分 | 費　用　1円 | |

6年 パタパタ単位換算器

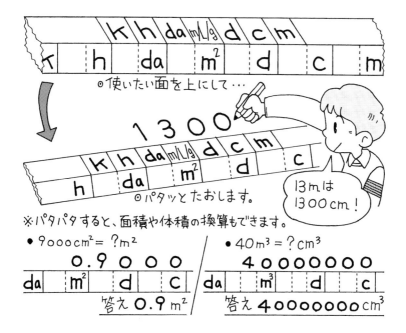

　メートル法の仕組みを理解した後、単位換算のイメージを深め、習熟を図る教具です。

　メートル法が十進位取り記数法にもとづいて考えられていることのメリットを感じることができます。

　メートル法の単位がすべて入った〈完全版〉と、教科書に出ている単位にしぼった〈教科書版〉の2種類から選べます。

ステップ1　メートル法の仕組み

　今までに習った量には、どんなものがありましたか？

子ども：「長さ」とか「重さ」とか。
子ども：「かさ」や「面積」も。

　そうですね。では、長さの単位は覚えていますか？

子ども：m, mm, cm, km！

◆かさ・重さの単位も順に聞きます。

　「かさ」には「デシ」があるけど、「長さ」や「重さ」にはありませんね。「センチ」は「長さ」にはあるけど「かさ」と「重さ」にはありませんね…
　本当にないのでしょうか？

子ども：ほんとだ〜。
子ども：あったりして！

　実は、あるんです。

◆メートル法の仕組みを教えます。
◆メートル法の接頭辞（k, h, …, c, m）は、どの単位についても、例えばkなら1000倍（10×10×10倍）を表します。この構造を知っていれば、1kgも1kmも1kLもすべて1000 g（m, L）であるとすぐにわかります。

ステップ2　単位換算器の使い方

　12mは何cmでしょう。

子ども：120cm？

　こんなときに便利なのが、〈パタパタ単位換算器〉です。長さの面を上にして、mに合わせて「12」と書きます。cまで0で埋めると…。

子ども：12のあとに0,0で1200cmだ！

　では、24mmは何mでしょう。

子ども：えっ？

　mにあわせて「24」と書きます。mまで0で埋めましょう。

子ども：0,0,2,4。0024？

　頭に0が並んだときは、最初の0の後に小数点を打ちます。

◆パソコンのメモリの量などで使われるM（メガ）・G（ギガ）・T（テラ）は、k（キロ）などと同じく、単位の前につく接頭辞です。Mはkの、GはMの、TはGの、それぞれ1000倍になっています。

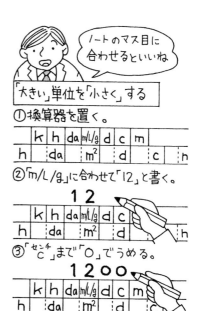

材料

画用紙
(B5)

1枚で6個分
(5円／枚)

道具

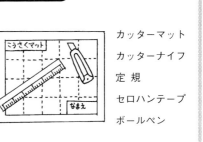

カッターマット
カッターナイフ
定規
セロハンテープ
ボールペン

作り方

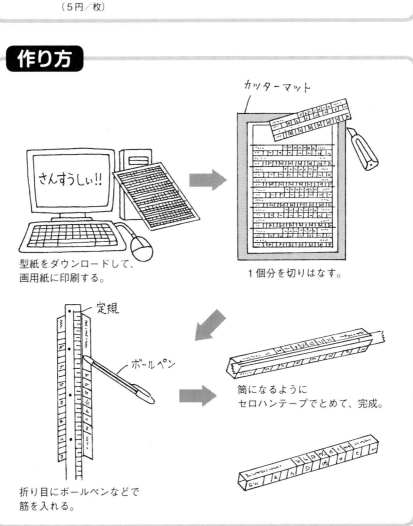

型紙をダウンロードして、
画用紙に印刷する。

1個分を切りはなす。

折り目にボールペンなどで
筋を入れる。

筒になるように
セロハンテープでとめて、完成。

| 時　間　10分 | 費　用　200円 | |

じゃらじゃら
― 「5の分解」をたのしく！―

　1年生で学習する〈数の合成・分解〉は、数の理解には大切な内容です。ひとつの数（量）を2つの数（量）から合わせたり、2つの数にわけることで、数をより深く理解するのです。しかし、やり方によっては〈ひき算の先取り学習〉になり、むずかしいばかりで、たのしくなくなってしまいます。
　数の分解を「5の分解」に限定して、たのしみながら学習できる教具を紹介します。

ステップ 1　みんなで「5」の分解

　ここに5個のアメがあります。いったん全部隠して…。さあ、隠れているのは何個でしょう？

子ども：2個に決まってるよ！
子ども：そうそう！

◆ここで示したのは、分解の学習の一例です。数の分解の意味が理解できれば、他の方法でもかまいません。

　そうですね。こんどは、〈じゃらじゃら〉を使って、同じことをしてみましょう。

子ども：なに、それ〜！
子ども：隠れた数をあてるんだ〜。

◆小さな教具なので、教室では子どもたちには見えにくいはずですが、子どもが自分で使うためのイメージをつかむことが目的です。

◆数の理解が十分でない子どもの場合は、例えば5個のビー玉を3個と2個で色を変えるようにするとよいでしょう。

　では、いきますよ〜。じゃらじゃら！

子ども：わかった！
子ども：かんたんだね〜。

ステップ2　グループで「5」の分解

　　さあ、〈じゃらじゃら〉を配りますよ〜。

　　ビー玉を5個、〈じゃらじゃら〉に入れましょう。

◆4〜5人のグループにひとつずつ〈じゃらじゃら〉を配って、ひとりが「問題を出す人」、残りが「答える人」になってゲームをします。

　　用意できたら、じゃらじゃらしていいですよ〜。

子ども：やった〜！
子ども：順番だよ〜。
子ども：じゃあ、2問ずつにしよう！

◆問題数を決めて「問題を出す人」「答える人」を交代しながら、進めていくとよいでしょう。

【数の〈合成〉と〈分解〉】

　〈じゃらじゃら〉は廣瀬史子さん（北海道日高サークル）が「5の合成・分解（5の補数）」の学習のために発案された教具です。廣瀬さんが「5の合成・分解は、1と4、2と3、0と5の3つの組み合わせだけなので、暗記が苦手な子もみんなたのしく学習でき、効果抜群」と言われるように、筆者の学級の子どもたちもとてもたのしんでいました。〈9までのたし算・ひき算〉〈くり上がりのたし算〉〈くり下がりのひき算〉で、最小限必要になるのは5の合成・分解です。〈じゃらじゃら〉は、その学習に最適な教具です。

材 料

透明しょうゆさし
(プラスチック製)
(100円/個)

白ボール紙
(30円/枚)

ビー玉
5個
(100円/袋)

道 具

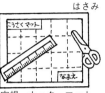
はさみ
定規・カッターマット

作り方

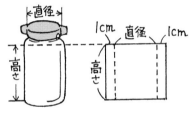

しょうゆさしの透明部分の直径に合わせて、ボール紙を切る。ボール紙の幅は、直径よりも左右1cmずつ長くする。

ボール紙の左右を互いちがいになるように折る。

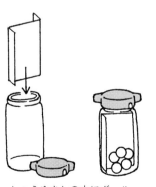

しょうゆさしの中にボール紙をたて、ビー玉を入れて、完成。

入れものは、透明で割れにくければ、他の形でもよい。

大きさによって、中に入れるビー玉の大きさを調整しよう！

| 時　間　10分 | 費　用　100円 | |

キャタピラタイル

　1年生の学習で〈十の理解〉は大切な内容のひとつです。くり上がりのあるたし算・くり下がりのあるひき算の学習には、十の構成の理解が欠かせません（もちろん、くり上がり・くり下がりの学習を通して、十の理解を深める面もありますが…）。
　〈キャタピラタイル〉は、たのしみながら十の構成を「見る」ことができる、興味深い教具です。

ステップ1 十を「わける」

〈キャタピラタイル〉を配りますね。ブロックは何個分あるかわかりますか？

子ども：5の固まりとバラの5で…。
子ども：10個分だ！

じゃあ、先生といっしょに〈キャタピラタイル〉を動かしてみましょう。半分にしてから、パタパタパタ…。

子ども：10は5と5で、6と4で…。
子ども：おもしろ～い！

自由に、いろいろと動かしてみましょう。

◆上手に動かせるようになるには、少し慣れが必要です。しばらくの間、手元に置いて自由に使うようにすると、休み時間に遊んだりする中で、うまく使えるようになるでしょう。

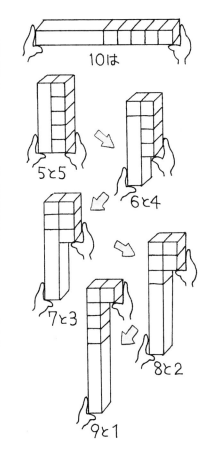

【十の構成をいろいろな方法で学ぶ】

小学校の数の学習で、十進数の理解はとても大切です。

1年生での十の学習は、その第一歩といえます。しっかりと理解してもらいたいと思います。

しかし、プリントに書き込むような合成・分解の学習だけでは実感を持って学ぶことはできません。操作を通して、具体的なイメージを持つ学習を仕組む必要があります。

愛知父母算数サークル発案の〈キャタピラタイル〉は、手軽に十の構成が「見える」教具です。

材料

木製の立方体ブロック

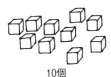
10個
（10円／個〜）
一辺が
1.5〜3cm

セロハンテープ または 布ガムテープ
※ブロックの一辺に近い幅のものがよい。

作り方

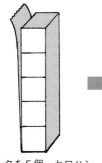
ブロックを5個、セロハンテープを巻くように貼って「5」のまとまりを作る。

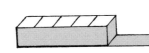
「5」のまとまりの下側に、長めのセロハンテープを貼る。

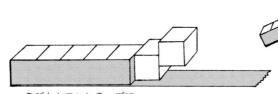
のびたセロハンテープに、5個のブロックをひとつずつ、貼って完成。

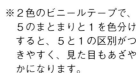
※2色のビニールテープで、5のまとまりと1を色分けすると、5と1の区別がつきやすく、見た目もあざやかになります。

COLUMN ① ものの「見え方」

下の図形は何という形ですか？

おそらく「平行四辺形」と答えるでしょう。では、下の図ならどうですか？

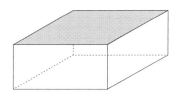

見た目は平行四辺形ですが、全体が直方体の見取り図になっているので「長方形」と答えるのが正解になります。

おなじ図形なのに、その図形以外の周りの状況によって「意味」が変わる。そう考えると、この図形が子どもにはどの様に見えているのか、よくわからなくなってきます。

〈ポッゲンドルフ錯視〉と呼ばれる図形があります。四角い「板」の左下の線分とつながっているのは、右上の線分のどちらか、ということを問う図形で、直線の学習に取り入れることがあります。

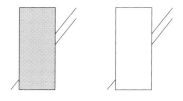

左右の図形は「板」の色以外は同じですが、子どもには見え方が違うようなのです。左なら「線の上に板がのっている」と見えるが、右だとそうは見えないのです。

黒板やプリントの図は、授業者と同じように子どもにも見えているのか？ そんなところにも意識を置くことが大切ではないでしょうか。

例えば電子黒板に表示した図形は、授業者の意図したとおりに子どもに見えているのでしょうか？ もし見えていないとしたら…。

| 時　間　3分 | 費用　200円 | |

タイルそろばん

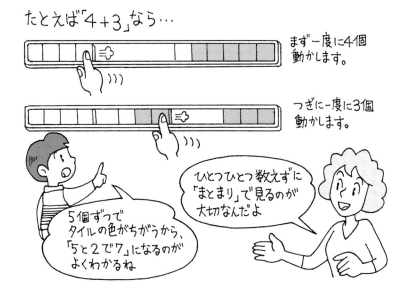

〈数と計算〉領域の学習には、タイルなどの(半)具体物が欠かせません。くり返しタイル操作をすることで、理解を深めていくのです。

しかし、計算が苦手な子どもの中には、タイル操作自体が苦手な子どももいます。タイル操作が苦手な子どもにも、しっかりと操作活動をしてもらいたい…。そう考えて作られた教具のひとつが、ここで紹介する〈タイルそろばん〉です。

パート 1　たし算

アメを2個持っています。2個もらいました。全部で何個になりましたか？

◆ここで取り上げるのは、［0～4］＋［4～0］（答えが5未満の型）の学習です。
◆たし算の意味などの学習はすませているものとします。
◆型別に操作方法を示しますが、どの段階で使うかは、子どもの実態に合わせて決めてください。

アメを6個持っています。3個もらいました。全部で何個になりましたか？

◆［5～9］＋［4～0］（たされる数に〈5のまとまり〉がある型）の学習です。

アメを4個持っています。3個もらいました。全部で何個になりましたか？

◆［4～2］＋［2～4］（たされる数に〈5のまとまり〉がなく、〈5のまとまり〉をつくる型）の学習です。
◆〈5のまとまり〉を作るためには、5の合成・分解の理解が必要です。例えば、〈じゃらじゃら〉（26ページ）のような学習が活きてくるのです。

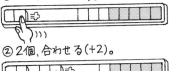

◎2＋2の場合
①2個、左へ動かす。
②2個、合わせる（＋2）。

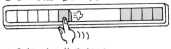

◎6＋3の場合
①6個、左へ動かす。
②3個、合わせる（＋3）。

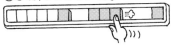

◎4＋3
①4個、左へ動かす。
②3個、合わせる（＋3）。

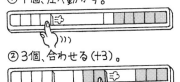

「3から4に1あげると5と2になる」と気づかせたいですね

パート2　ひき算

アメを4個持っています。2個食べました。何個残っていますか？

◆ ［1～4］-［1～4］（ひかれる数が5未満の型）の学習です。

アメを8個持っています。2個食べました。何個残っていますか？

◆ ［6～9］-［1～4］（ひかれる数の〈5のまとまり〉をくずさない型）の学習です。

アメを7個持っています。3個食べました。何個残っていますか？

◆ ［6～8］-［2～4］（ひかれる数の〈5のまとまり〉をくずす型）の学習です。

◎4-2の場合
①4個、左へ動かす。
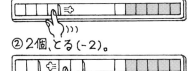
②2個、とる(-2)。

◎8-2の場合
①8個、左へ動かす。

②2個、とる(-2)。

◎7-3の場合
①7個、左へ動かす。

②3個、とる(-3)。
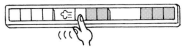

【〈5のまとまり〉を大切に】

　タイルそろばんはとても優れた教具です。しかし、使い方をまちがうと「数えて答を出す」ことになりかねません。

　そうならないポイントは〈5のまとまり〉を作ることです。「4＋3」を「4と3を合わせて、1，2，…，6，7」と数えるのではなく、「3から4に1あげると『4と3』は『5と2』だから7」と考えるのです。

　〈タイルそろばん〉は石原清貴さん（四国地区数教協）の発案です。

材 料

15mm角モザイクタイル

2色を各5個
(10円／個)

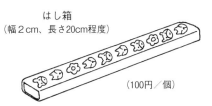

はし箱
(幅2cm、長さ20cm程度)

(100円／個)

作り方

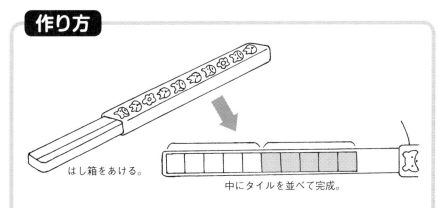

はし箱をあける。

中にタイルを並べて完成。

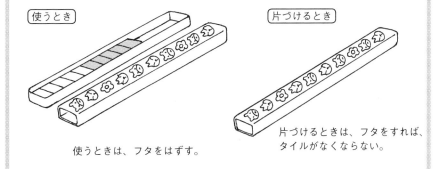

使うとき

使うときは、フタをはずす。

片づけるとき

片づけるときは、フタをすれば、タイルがなくならない。

| 時　間　10分 | 費　用　500円 | |

マグネットタイル
―やっぱりタイルはわかりやすい！―

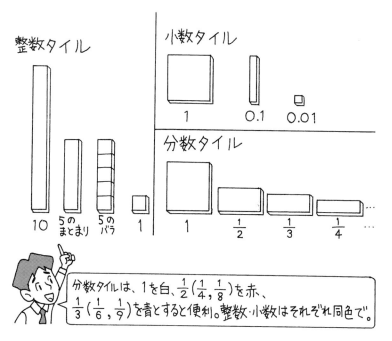

分数タイルは、1を白、$\frac{1}{2}$（$\frac{1}{4}$, $\frac{1}{8}$）を赤、$\frac{1}{3}$（$\frac{1}{6}$, $\frac{1}{9}$）を青とすると便利。整数・小数はそれぞれ同色で。

　数教協の「発明」のひとつであるタイルは、整数はもちろん、小数・分数の学習でもなくてはならない教具です。
　画用紙や工作用紙を使った手づくりタイルなど、これまでにもさまざまに工夫をこらしたタイルが作られてきましたが、ここでは、カラーマグネットシートに「タイル枠」を印刷したシールを貼りつけて作る、手軽な〈マグネットタイル〉を紹介します。

パート1 整数タイルでたし算

「7＋6」のタイルを準備しましょう。準備したタイルを言ってください。

子ども：7は5のまとまりとバラの2！
子ども：6は5のまとまりとバラの1！

◆「ブロック」と呼ぶこともあります。

では、いっしょにタイルを動かして計算しましょう。

◆イラストで紹介したのは、「5と5で10」をつくる型の例です。
◆くり上がりのあるたし算には〈加数分解〉〈被加数分解〉〈5・2進法〉など、くり下がりのあるひき算には〈減減法〉〈減加法〉〈5・2進法の逆〉などの型があります。詳しくは、『算数おもしろ教具』「大型整数タイル」を、また、くり上がり・くり下がりの指導の詳細は、『算数おもしろ授業1〜3年』「10の作り方を考えよう」「10のくずし方を考えよう」をご覧ください。

パート2 小数をタイルであらわす

では、タイルで2.36をあらわしましょう。

子ども：1のタイルが2枚と、0.1のタイルが3本と、0.01のタイルが6個です。

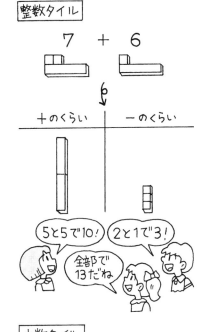

パート3　分数タイルでたし算

「$\frac{2}{5}+\frac{1}{5}$」を計算してみましょう。まず、$\frac{2}{5}$のタイルを用意しましょう。

子ども：$\frac{1}{5}$のタイルが2つ！

そうですね。$\frac{1}{5}$は…$\frac{1}{5}$のタイルが1つですね。
これを合わせると…。

子ども：$\frac{1}{5}$のタイルが3つで、$\frac{3}{5}$だね。

◆例えば$\frac{2}{5}$は、基準量（1Lや1m）を5等分したもの（$\frac{1}{5}$）を2つ合わせて作ります。ですから、右のイラストの様に、分数タイルを1のタイルの上にのせることで、基準量との関係がよりわかりやすくなります。

パート1からパート3で紹介したのは一例です。タイルは整数・小数・分数のたし算・ひき算・かけ算・わり算のすべてで活用できます。

【タイルを使い続けよう！】

　1年生のはじめの数学習（計算を含む）では、どの教科書会社でもタイル（ブロック）を使っていますが、学習が進むにつれて、タイルからおはじきやお金のようなものに変えていく教科書もあります。しかし、小学校での数の学習は、量のイメージぬきには考えられません。

　整数だけでなく小数でも分数でも、また1年生だけでなく5年生でも6年生でもタイルを使い続けることで、わかってできる算数の授業ができるのだと思います。

透明フィルムラベル　　カラーゴム磁石（A4）
　　（A4）　　　　　※A4がなければ縦長で可。

  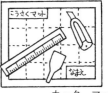

2枚　　　　　　　　2枚　　　　　　カッターマット
（150円／枚）　　（100円／枚）　　カッターナイフ
　　　　　　　　　　　　　　　　　　定規　　ヘラ

※整数タイルの場合。小数・分数も同様です。

型紙をダウンロードして、
透明フィルムラベルに印刷する。

ゴム磁石に
印刷したラベルを貼る。

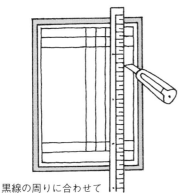 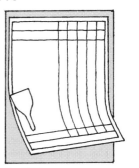

黒線の周りに合わせて
切りはなして完成。

小タイルセット なら

50 ×1　10 ×12　5 ×6
　　　　　　　　5 ×2　□ ×20

大タイルセット なら

10 ×10　5 ×4　□ ×20

ができます。

| 時　間　5分 | 費　用　100円 | |

単針時計

　身のまわりにあるのはデジタル時計。朝、見る時計もテレビの「デジタル」時計。「針」の時計の読み方は、子どもたちにとって年々むずかしくなってきているようです。
　そんな子どもたちが、2本（秒針まで含めると3本）も針がある時計で学習することは、導入段階にふさわしくありません。
　まず短針（の単針）だけで時計読みをはじめてみませんか？

ステップ1　今、何時？

　今、何時かわかりますか？

子ども：針が一本しかないよ！

　針の先にある数字は「10」ですね。ですから、今は「10時」です。

ステップ2　今、何時半？

　今、何時かわかりますか？

子ども：10と11の間だよ。

　ですから、今は「10時」と「あと半分」なので、「10時半」です。

子ども：そうなんだ〜。

◆単針時計で読みとれるのは、最初は〈○時ちょうど〉と〈○時過ぎ〉〈○時前〉です。慣れるにしたがって、〈○時半（ごろ）〉が読めるようになります。気長に取り組みましょう。

◆時計読みには少なくとも12までの数が読めることが必要ですが、そのために数の学習を早めると、子どもに負担を強いることになりかねません。時計読みは（算数と切り離して）日常生活の中で身につけるべきだと思います。

※時計の読み方は毎日、少しずつ気長に取り組みましょう。

材料

アナログ時計

(100円／個)

道具

ラジオペンチ

作り方

文字が大きくて読みやすいアナログ時計を用意する。

ふたを外し、短針を残して、長針と秒針を抜く。

ふたを戻して完成。

※同じようにして、長針のみ・秒針のみの時計も作ることができる。カラー油性ペンやビニールテープを使って、短針や大切な数字（3、6、9、12）の色をかえると、よりわかりやすくなる。

COLUMN ② 「時計読み」の学習

1年生の「時計読み」は、ほとんどの教科書で2つの単元に分かれています。学年の前半にある〈○時・○時半〉の学習と、後半にある〈○時○分〉の学習です。

しかし、それぞれの学習はほんの数時間で、それだけで時計が読めるようになることを要求したり、ましてや評価（テスト）までするようなことは、とても乱暴に思えます。やはり、時計読みは、毎日の生活の中でくり返して身につけていくべきなのです。

では、毎日目にする教室の時計は、子どもの学習に適したものになっているのでしょうか？　私の見た範囲では、市販の普通の時計——長針・短針・秒針の3本の針があり、長針・短針の色が同色——を使っていることがほとんど。せいぜい時計の回りに「0，1，2，…，58，59」と、分読みを助ける数字を貼っている程度でした。

しかし、時計読みの第一歩は（〈単針時計〉で書いたように）短針なのです。時計のはじまりである日時計も、影があらわす「針」1本で、時刻をあらわしていたのです。

教室の時計に分読みを助ける数字を貼ることが必要な時期もあるでしょう。しかし、まず、短針を赤などに塗って目立たせること（単針にできればベスト）。そして、○時・○時前・○時過ぎを気長に読めるようにすること。

そうしてはじめて、○時半や○時○分を読む段階に入れるのではないでしょうか。

| 時　間　5分 | 費　用　1円 | |

年 時計おたすけシール

　「○時」「○時半」の学習を終えると、いよいよ「分読み」です。しかし、たとえば「○時55分」のように短針が次の時刻の数字に近づくと、混乱する子どももあらわれます。
　分読みの難しさを少しでも軽減するための工夫のひとつが〈時計おたすけシール〉です。

ステップ1　今、何時？

　今、何時かわかりますか？

子ども：10時に決まってるよ！

　じゃあ、これは何時かわかりますか？

子ども：10時半です。
子ども：え〜、11時半だよ〜。

　ちょっと、わかりにくいですね。そこで、みなさんの時計に、すこし工夫をしておきました。

子ども：あ〜、シールが貼られてる〜。

◆事前に学習用時計（算数セットのもの。なければ別に用意）を集めるなどして、シールを貼っておきます。
◆短針を赤、長針を黒に塗り分けておくと、より見やすくなります。
◆子どもの学習用時計は、かんたんに長針が外せるものもあります。〈単針時計〉（42ページ）にも取り組んでみてはいかがでしょうか。

【時計の選び方も大切】

　学習用時計にはいろいろなものがありますが、針が細く、長針・短針の色が違うもの（できれば短針が目立つ色）がよいでしょう。

　〈時計おたすけシール〉は下田正義さん（京都数教協）の発案です。

材料

ラベルシール
（A4）

1枚で20個分
（10円／枚）

学習用時計
（200〜300円）

道具

はさみ

作り方

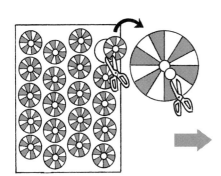

型紙をダウンロードして、ラベルシールに印刷する。

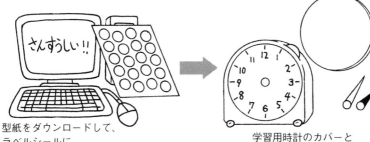

学習用時計のカバーと針を外す。

シールをドーナツ状に切りぬく。

数字に向きを合わせてシールを貼って、針とカバーをもどす。

COLUMN ③　　　教具を「育てる」

〈するするタイル〉（18ページ）を知ったのは10年ほど前のこと。「おもしろい教具、思いついてん」と、石原清貴さん（四国地区数教協）が教えてくれました。

そのときは、白画用紙に手書きした紙タイルを、茶封筒に差し込んだだけのものでしたが、とてもよい教具だと感じました。

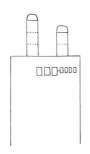

帰宅してすぐに自作し、そのときに〈差し込んだタイルの数が見える〉ように本体を透明な素材にして、大阪数教協の例会で紹介しました。ところが、「左側が透けているのはよいが、右側が透けているともともとないタイルが見える」「スライド棒を本体より長くしないと、中に入ったら出せない」「（上の）持ち手と（下の）余白は、タイル部分と色を変えないとかんちがいする」など山ほどのダメだし。その結果、現在の形になりました。

よい教具はみんなで「育てる」ものなのです。

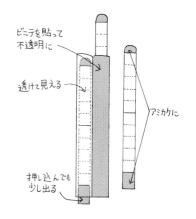

| 時　間　10分 | 費　用　320円 | |

パンチングジオボード

　点と点を結んで線を引き、線をつないで多角形（三角形・四角形…）を作る。平面図形の学習では大切な活動です。しかし、点と点を線で結ぶことが苦手な子どもも少なくありません。
　そんなときに便利な教具が〈ジオボード〉です。
　手軽に何度もくり返し多角形を作れる教具として以前から知られている〈ジオボード〉を、手軽に作れるようにしてみました。

ステップ1 図形を作る

 これは〈ジオボード〉と言います。板から出ているピンに輪ゴムをかけると、いろいろな形が作れますよ。やってみましょう。

◆ピン(ボルト)に輪ゴムをかけると図形(多角形)ができます。

 では、三角形を作ってみましょう。

子ども：かんたん〜！
子ども：いろいろ作っていい？

 今度は四角形を作ってみましょう。

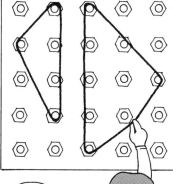

◆すべての角が180度未満の四角形(凸四角形)だけでなく、ひとつの角が180度を超えた四角形(凹四角形)も作れます。

◆凹四角形が出たら「これも四角形？」と問いかけてみましょう。三角形と考える子、三角形でも四角形でもないと考える子などがいます。

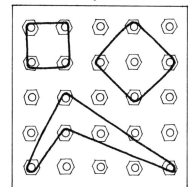

 いろいろな三角形・四角形が作れましたね。じゃあ、自由にいろいろな形を作っていいですよ。

子ども：やった〜！

ステップ2　図形をかき写す

> 〈ジオボード〉に三角形(四角形…)を作りましょう。できたら、プリントにかき写しましょう。

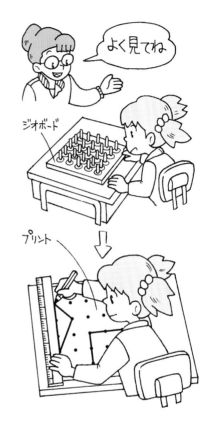

◆ 〈ジオボード〉と同じように点が配置されたプリントを用意し、作った図形をかき写します。この作業を通して、ドット(将来的には方眼)に図形をかけるようにしていきます。

◆ 〈ジオボード〉を使わずにドットに図形をかくと、斜めに傾いた図形をかけない子どもが多くなるようです。〈ジオボード〉で図形を作ることが大切です。

◆ 〈ジオボード〉は、三角形・四角形だけでなく、五角形以上の図形も作れます。低学年だけでなく、中・高学年でも時間を作って(短時間でも)使うことで、図形(作図)に対する理解に役立ちます。

【〈ジオボード〉を使う意味】

　低学年(に限りませんが)では、「定規と鉛筆で直線を引く」作業は、なかなかむずかしいことです。ですから、低学年はもちろん、中・高学年でも作図は敬遠されがちです。

　しかし、図形を実際にかいたり作ったりすることは、図形の学習には欠かせません。特に、方眼を使った作図は、関数のグラフにもつながります。

　〈ジオボード〉を使った活動は、かんたんですが、深い内容を含んでいるのです。

材料

有孔ボード
（8mm穴が5×5個）

1枚
（60円／枚）

皿小ネジ（5×20mm）
とナット（M5）

25組
（10円／組）

カラー輪ゴム

5本
（2円／個）

作り方

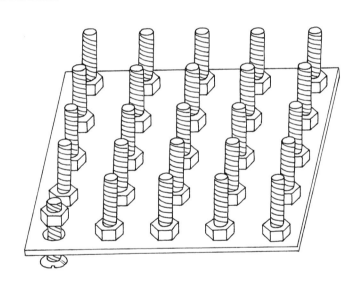

有孔ボード（パンチングボード）に皿小ネジをさし込んで、ナットでとめる。25か所全部に通して完成。

※有孔ボードは穴が5×5個になるように、あらかじめ切っておく（ホームセンターなどでは、有料で切ってくれる）。

> ネジは、穴よりも3mmほど細い皿小ネジを使う（ナベ小ネジではないので、注意）。

| 時　間　5分 | 費　用　20円 | |

かけ算九九下じき
－覚えれば、見なくなる－

2〜6年

　かけ算九九は、「１けた同士のかけ算の答えを覚える」ための「歌」です。ですから、かけ算九九を覚えているからといって、かけ算の意味がわかっているとはかぎりません。

　しかし、日本の算数教育は、かけ算九九を覚えていることが前提となっている面があります。かけ算九九を覚えていなければ、困ることも多いのです。

　でも、〈かけ算九九下じき〉を持っていれば、覚えていなくても（覚えながら）学習を進めることができます。

ステップ 1　下じきを配る

　〈かけ算九九下じき〉を作ることにしました。欲しい人に配りたいので、人数を確認したいと思います。欲しい人、いませんか？

◆人数を確認しておき、次の時間までに（少し多めに）作っておきます。

◆かけ算九九をどれくらい覚えているか（覚えていないか）は、診断テストをして確かめておきます。覚えていない子には（「欲しい」と言わなくても「説得」して）渡すようにします。

◆「九九を覚えていない人にだけ配ります」とすると、覚えていなくても欲しがらない子どもがあらわれることもあります。覚えている子も含めてたくさんの子どもが持つようにすると、苦手な子も安心して使えます。

　昨日、約束していた〈かけ算九九下じき〉を配ります。手作りですので、大切にしてくださいね。
　希望していないけど欲しくなった人は言ってください。また作ってきます。

◆すぐになくしてしまう子どももいます。予備の用意を忘れずに。

ステップ2　裏面の使い方

表はかけ算九九ですが、裏にも印刷しているものがあります。説明しますね。

◆裏面に印刷するテンプレートを4種類、用意しています（使わなければいけないわけではありません）。

①かけ算の図［低・中学年向き］

　2年生のかけ算学習で有効な〈かけ算計算器〉の図です。〈かけ算計算器〉を使って学習をしていれば、活用できるでしょう。

②かけわり図［中・高学年向き］

　かけ算・わり算の構造をあらわす〈かけわり図〉です。

　①は『算数おもしろ教具』「かけ算計算器」、②は同じく「かけわりマシーン」を参考にしてください。

③アルファベットの書き方

④ローマ字

　③と④は算数の学習内容ではありませんが、国語（ローマ字）・外国語などの学習で使えます。

◎かけ算の図の使い方

たとえば3×5なら、こうです

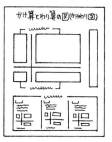

◎かけわり図の使い方

【かけ算九九の覚え方】

　九九の覚え方にはいろいろありますが、「見て覚える」のもひとつの方法です。

　「見ていると覚えない」という意見も聞きますが、「苦手なところを見る」ことで徐々に覚えていくのです。

上ネタ関連教材　算数おもしろ教具

○かけ算九九チェックシート

材料

画用紙
(B5)

1枚
(10円／枚)

ラミネートフィルム
(B5)

1枚
(10円／枚)

道具

ラミネーター

作り方

型紙をダウンロードして、
画用紙に印刷する。

かけ算の図　かけわり図　ローマ字

裏面に付けたいものがあれば、
画用紙に印刷しておく。

表
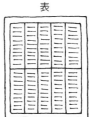

印刷した画用紙を
ラミネートフィルムにはさんで、
ラミネーターに通して完成。

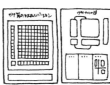

裏

| 時　間　10分 | 費　用　20円 | |

長さメーカー
― 『おもしろ教具』の簡易版 ―

　決まった長さの線を引けない子が、ものさしの読み方がわかっていないとはかぎりません。読み方はわかっているけれど、真っ直ぐな線を引けないだけかもしれないのです。子どもの苦手なところを見抜き、指導に活かせる教具です。

ステップ1　cmでの長さづくり

1cmの目盛りを上にして持ちます。
右手で棒を持って引っ張ると、左から色のついたところが出てきます。では左から5cm出してみましょう。

◆1問終わるごとにスライド棒を元に戻すよう指示をします。

今度は、左から7cm出します。できているかどうか、隣の子と比べてみましょう。

ステップ2　mmまでの長さづくり

では、次は左から6cm出しましょう。出せたら、mmの目盛りを見てあと3mm伸ばしましょう。全部で6cm3mmですね。

◆ステップ1と同様に指導します。

棒を元に戻しましょう。今度は、一度に7cm2mm出しましょう。

◆7cmから2cm伸ばす子、7mmしか出さずにそこから2mm伸ばす子、6cm2mm（7cm目の2mm）というまちがいなどが出ます。

上ネタ関連教材　算数おもしろ教具

○長さメーカー

材料

画用紙
(B5)
(10円/枚)

両面テープ
(幅1cm)
(100円/個)

または

スティックのり
(50円/個)

色マジック
(太いもの)
(100円/個)

作り方

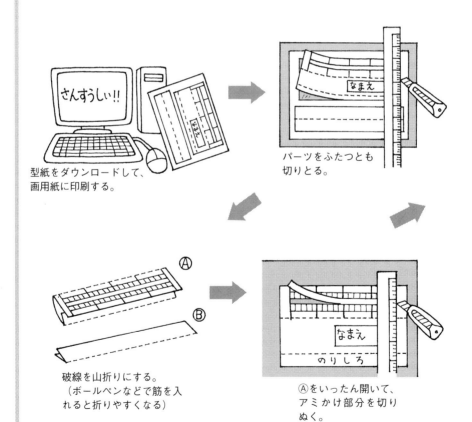

型紙をダウンロードして、画用紙に印刷する。

パーツをふたつとも切りとる。

破線を山折りにする。
(ボールペンなどで筋を入れると折りやすくなる)

Ⓐをいったん開いて、アミかけ部分を切りぬく。

道　具

セロハンテープ

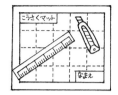
カッターマット
カッターナイフ
定規

※〈長さメーカー〉は下田正義さん（京都数教協）が発案し、水野克則さん（東海地区数教協）が改良しました。

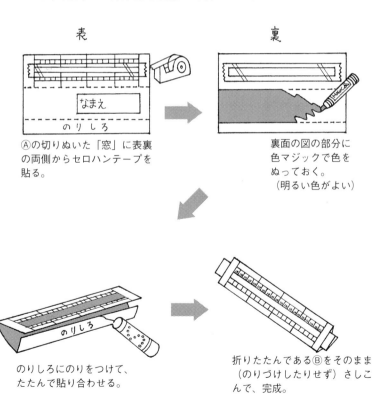

表　　裏

Ⓐの切りぬいた「窓」に表裏の両側からセロハンテープを貼る。

裏面の図部分に色マジックで色をぬっておく。（明るい色がよい）

のりしろにのりをつけて、たたんで貼り合わせる。

折りたたんであるⒷをそのまま（のりづけしたりせず）さしこんで、完成。

| 時　間　15分 | 費　用　2円 | |

2〜4年 位取り定規

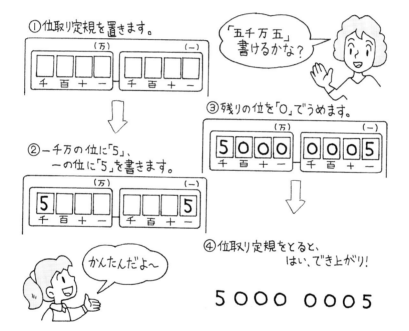

　大きな数の読み書きは、〈十進位取り記数法〉と〈万進法（4桁区切りの読み）〉が十分身についていない子どもにとって、とてもむずかしい内容です。

　でも、〈位取り定規〉のイメージが頭に入れば、大きな数もこわくありません。手軽に使える優れものの教具です。

ステップ1 数字を読む

 この数字、読めますか？

子ども：え〜、わからないよ〜！

◆〈位取り定規〉に合わせてプリントを作っておきます。

 そんなときに便利なのが、〈位取り定規〉です。

◆子どもにひとり1個ずつ、〈位取り定規〉を配ります。

ステップ2 数字を書く

 今度は、先生の言う数を書いてみてください。では…五千万五！

子ども：え〜、むずかしい〜。

 だいじょうぶ。〈位取り定規〉は書く時にも使えます。

子ども：そうなんだ〜。

◆62ページの様に書き方を伝えます。

【〈位取り定規〉で四桁区切りを】

〈位取り定規〉は、新居信正さん・松崎重広さん（ともに仮説実験授業研究会会員）の〈十進数の電車〉を参考に、小田富生さん（和歌山数教協）が発案した教具です。

材 料

画用紙
（ハガキサイズ）
1枚で4個分
（1円／枚）

ラミネートフィルム
（ハガキサイズ）
1枚で4個分
（5円／枚）

道 具

ラミネーター

作り方

型紙をダウンロードして、画用紙に印刷する。

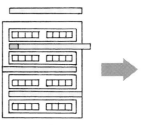
アミかけ部分を切りはなす。

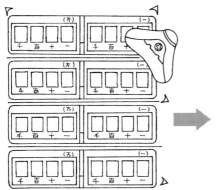
角が丸くなるように切りはなす。

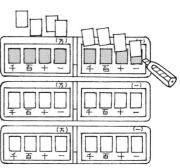
カッターで「窓」をあける。

カッターマット
カッターナイフ
定規

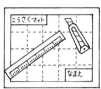

かどまる

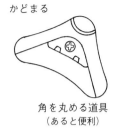

角を丸める道具
（あると便利）

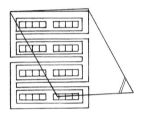

そのままラミネートフィルムにはさんで、
ラミネートする。

整数版（8ケタ）

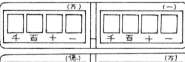

整数版（12ケタ）

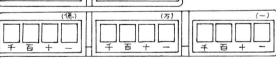

小数版

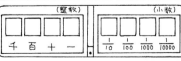

時　間　10分	費　用　100円〜	

かんたんタングラム

　図形を学習する上で、〈ひとつの図形を複数の図形にわける〉ことや〈複数の図形からひとつの図形をつくる〉ことは、とても大切です。
　そのような学習として、タングラムなどのパズルが知られていますが、ここでは折り紙チップ（直角二等辺三角形）を使って図形をしきつめる〈かんたんタングラム〉を紹介します。

ス(テッ)プ 1　図形をしきつめよう

> 今日はパズルをしましょう。折り紙チップが重ならないように、パズルの図の中に並べましょう。

子ども：やった〜！

◆折り紙チップは、事前に子どもたちと 1 人 10 枚程度作っておきます。
◆時間があるときに折り紙チップをたくさん作っておけば、パズルにのりづけすることもできます。

ス(テッ)プ 2　枚数を予想しよう

> 今度は、折り紙チップを並べる前に、「何枚で並べられそうか」を予想してから、並べてみましょう。

子ども：4 枚だよ！
子ども：え〜、もっと多くない？

◎最初は
　並べながら考えます。

4枚だね

◎慣れてきたら、
　考えてから並べます。

何枚くらいかなあ？

【図形的なものの見方－分析総合－】

　図形の学習では〈図形的なものの見方〉を学ぶことが大切です。
　〈図形的なものの見方〉とは、〈①ひとつの図形を複数の図形にわける〉〈②ひとつの図形から要素（頂点・辺・面…）を取り出す〉ような分析と、〈③複数の図形からひとつの図形をつくる〉〈④複数の要素からひとつの図形をつくる〉ような総合だと考えています。〈かんたんタングラム〉で学べるのは①と③になります。
　さまざまな機会に〈図形的なものの見方〉を育みたいものです。

材料

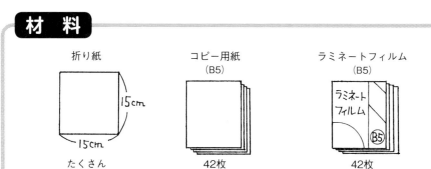

作り方

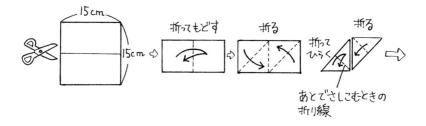

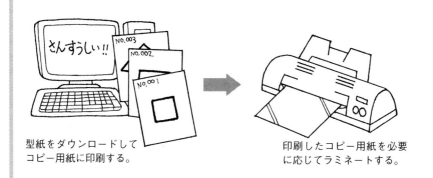

道 具

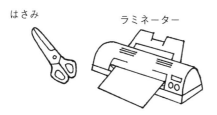

※子どもたちひとりひとりに配るなら、ラミネートしなくてもかまいません。
※タングラムの解答を用意する場合は、その分のコピー用紙とラミネートフィルムが必要です。

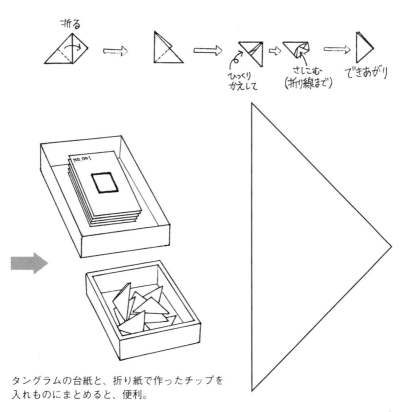

タングラムの台紙と、折り紙で作ったチップを入れものにまとめると、便利。

（できあがりは、この大きさになります。）

| 時　間　30分 | 費　用　60円 | |

ストローde立体
―あつかいやすい立体を作ろう―

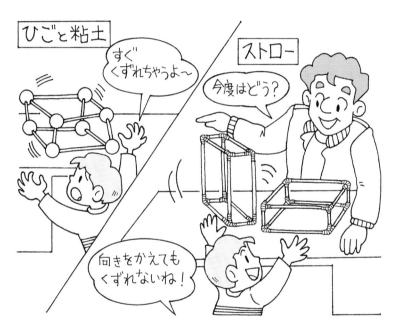

　立体図形の学習には「模型」が欠かせません。教科書にかかれている〈平面化〉した立体では、実感をともなって学習することはむずかしいでしょう。やはり、実物（模型）が必要なのです。
　しかし、〈安くて使いやすい〉模型、とくに辺と頂点で構成されている使いやすい立体模型は、なかなかありません。
　身近な素材を使って作る、使いやすい立体模型を紹介します。

ステップ 1　立体模型で学ぼう

　ここに箱があります。こんな箱の形を何と呼ぶか、覚えていますか？

子ども：直方体で〜す。

子ども：ティッシュの箱みたい！

◆あらかじめストローで組み立てておいた直方体を、紙の展開図でくるむようにしておきます。

◆立方体・直方体などの言葉は学習済みの段階を想定しています。

　そうですね。では、この直方体の〈骨組み〉はどうなっているでしょうか…。
ジャ〜ン！

子ども：あ〜、ストローだ〜！

　直方体の面がなくなって、骨組みだけになりました。この赤いストローの部分は、もとの直方体ではどこだったかわかりますか？

子ども：辺です！

　じゃあ、この黒いところの先は？

子ども：頂点だよ。

ステップ2　立体模型を作ろう

では、みなさんにも「辺」と「頂点」を配ります。実際に組み立ててみましょう。

子ども：やった〜！

子ども：たのしそう！

◆頂点を8個、3種類（3色）の辺を4本ずつ子どもたちに配り、組み立ててもらいます。

◆子どもの人数によっては、ひとりに1組ずつ準備することは難しいかもしれません。そんなときは、2人に1組や、グループに1組など用意すればよいでしょう。

◆この教具は、もともと中学・高校で学習する正多面体を作るために考えられたものです。ですから、直方体・立方体以外の立体や、ブロックのように自由に形を作ることにも活用できます。

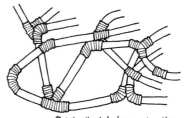

たのしく遊ぶこともできます。

色々なジョイントを組み合わせてたのしい未知の芸術作品完成！

【使いやすい模型を！】

ここで紹介した立体模型は、教科書では「ねんど玉（頂点）」と「ひご（辺）」を使って作っています。しかし、このような模型はくずれやすく、辺と辺の関係を観察したり、頂点の数を数えたりすることはなかなかできません。

少し準備が必要ですが、とても使いやすい模型だと思っています。

ストローで立体を作る発想は、益本克彦さんの実践から学びました。

上ネタ関連教材　算数おもしろ教具

○立体図形展開図集

材料

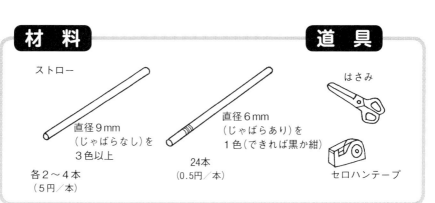

作り方

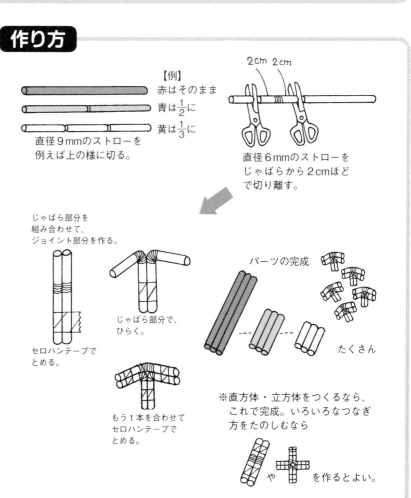

| 時　間　5分 | 費　用　50円〜 | |

わり算カード
― 操作を手軽にたっぷりと ―

　わり算は〈もとの量を等分して、ひとり分を求める〉操作（1あたりわり算）が基本です。しかし、日常生活の中で実際に等分する経験は、それほど多くはありません。2等分・3等分ならまだしも、8等分・9等分をする機会など、大人であってもなかなかないのではないでしょうか。
　3年生のわり算の学習では、計算に習熟するだけでなく、たっぷりと操作を体験してほしい。そう考えて開発した〈わり算カード〉を紹介します。

ステップ1　1あたりのわり算

「キャラメルが12個あります。3人で同じ数ずつわけると、ひとり分はいくつでしょう」どんな式になりますか？

子ども：わり算です。

子ども：式は、12÷3になります。

◆わり算の導入を終え、問題文から立式できる段階を想定しています。

◆〈わり算の答えは九九の逆算で求める〉ことは、学習していても、まだでも、どちらでも使えます。

実際に試してみましょう。「キャラメルが12個あります」と書いてあるので、ブロックを12個用意しましょう。何人でわけるのでしたか？

子ども：3人〜！

では、入れものが3つ書いてあるカードを出しましょう。用意ができたら、12個のブロックを3つの入れものに同じずつわけて、ひとり分を求めましょう。

◆右の②で並べなくてもよいのは、子どもが数えながら手に取るからです。

◆答えを求め、発表してもらいます。

☆1あたりのわり算

①入れものが3つある
　カードを出して、

②ブロックを12個のせる。
「ブロックは並べなくてもかまいません」

③入れものに、同じずつ配る。
「4個ずつだ〜」

ステップ2　いくつ分のわり算

「キャラメルが12個あります。ひとりに3個ずつわけていくと、何人にわけることができるでしょう」どんな式になりますか？

子ども：12÷3です！

◆いくつ分わり算の導入を終え、問題文から立式できる段階とします。

実際に試してみましょう。ブロックは何個必要ですか？

子ども：12個です。

その12個のブロックを3個ずつ配って、何人に配ることができるか確かめてみましょう。

☆いくつ分のわり算

[もんだい]
キャラメルが12こあります。
ひとりに3こずつわけていくと、
何人にわけることができるでしょう。

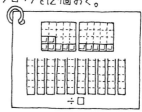
①いくつ分わり算のカード（÷□）を出して、ブロックを12個おく。

②入れものに3個ずつ配っていく。

【2つのわり算】

　わり算には、〈1あたりを求めるわり算〉と〈いくつ分を求めるわり算〉の2つがあります。この違いを理解することは、3年生のわり算での大切な学習内容のひとつです。そして、その違いを理解するには、しっかりと操作することが必要です。〈わり算カード〉を使うと、その操作を比較的手軽にすることができるのです。

　学習の初期にはたっぷりと、ある程度習熟が進んだ段階では数問に一回などと使いわけながら、計算と操作をつなげることが大切なのです。
　大きい数でわる操作を意識的に取り入れるなどしながら、わり算の理解を進めていきましょう。

 算数おもしろ教具

○わり算イメージわくわくマシーン

材料

画用紙
(B6)

10枚
（2円／枚）

リング

1個
（10円／個）

木製ブロック
（9mm〜1cm角）

たくさん
（5円／個）

道具

穴あけパンチ

作り方

型紙をダウンロードして、
B6サイズの画用紙に印刷する。

÷1〜÷9と÷□の順に並べて
左上に穴をあけて、
リングを通して完成。

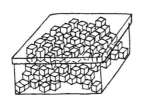
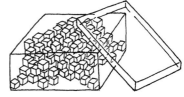

ブロックは、グループごとに
プラスチック密閉容器などに入れるとよい。

| 時　間　5分 | 費用　1円 | |

3・4年 らくらく計算シート
― 補助数字を書きやすく ―

　正確な計算のためには、ひっ算が欠かせません。しかし、「くり上がりの補助数字を上手に書く」には、練習が必要です。とくに低・中学年では、「補助数字を小さく書く」ことや「補助数字とそれ以外の数字を区別する」ことに苦労する子どもがいます。〈らくらく計算シート〉は、補助数字を上手に書くための練習シートです。

パート1　3桁どうしのたし算

「546＋389」を、〈らくら〈計算シート〉を使って計算しましょう。

15の「1」は、小さく書かないとね

◆たし算のひっ算の基本的な方法は学習済みの段階を想定しています。

では、一の位から順番に計算していきましょう。

子ども：6＋9は15です。

子ども：15の1は、小さく書くよ。

十の位の計算は？

子ども：4＋8で12だね。

子ども：12の1も、小さく書くね。

子ども：一の位からくり上がった1と合わせて3になるね。

4＋8は12だけどくり上がってきた1と合わせて3を書くよ

最後に百の位です。

子ども：5＋3の8と1で9！

◆使い方の例を示すため、複雑な型で紹介しました。通常の学習は、くり上がりなしから始め、徐々に複雑な型へと進めていきます。

◆教科書では、くり上がりの「1」を被加数の上に書くことがあります。しかし、かけ算のひっ算を見通せば、それでは困ることがあります（コラム④「ひっ算の補助数字」85ページ参照）。

5＋3で8だけど1が待ってるから9だ

パート2　3桁×1桁のかけ算

「439×6」を、〈らくらく計算シート〉を使って計算しましょう。

◆かけ算のひっ算の基本的な方法は学習済みの段階を想定しています。

では、一の位から順番に計算していきましょう。

子ども：6×9は54です。
子ども：54の5は、小さく書くよ。
子ども：次は6×3で18だね。
子ども：18の1も、小さく書くね。
子ども：でも、8と5で13だから、また1がくり上がるよ。

その1は、点線の箱の中に書きましょう。

子ども：次は6×4で24で…。
子ども：4と1と1で6！
子ども：最後に2を大きく書くんだ！

◆右の計算は、最後に千の位のくり上がりの「2」を大きく書いて終了です。
◆使い方の例を示すため、複雑な型を示しました。通常の学習はくり上がりなしから始めます。
◆〈らくらく計算シート〉には、ここで紹介したもの以外にも、2桁×2桁などがあります。〈さんすうしい！！〉をご覧ください。

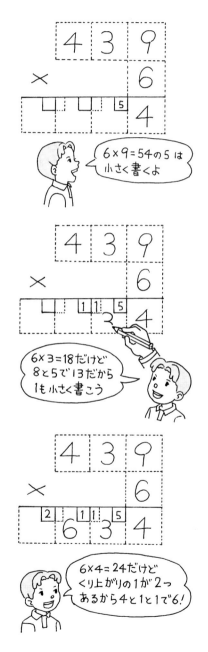

材 料

コピー用紙
（B5またはA4）

（1円／枚）

たくさんすって、教室に置いておきましょう

作り方

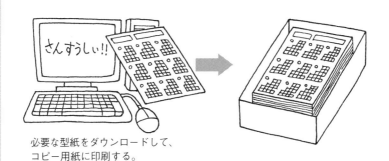

必要な型紙をダウンロードして、
コピー用紙に印刷する。

◆いろいろな種類があるので、段階にあわせてえらべます！

Ⅲ＋Ⅲのたし算

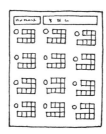
Ⅲ×Ⅰのかけ算

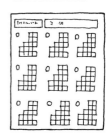
Ⅱ×Ⅱのかけ算

他、多数

| 時　間　10分 | 費　用　15円 | |

3・4年　分数定規

　数の学習では、タイルを操作したり、実際にタイルをかくことが大切です。しかし、分数のタイルがかけるようになるには、ある程度の練習が必要になります。
　分数の学習でも、子どもたちにタイルを手軽にかいてもらいたい。そんなときに使えるのが〈分数定規〉です。

ステップ 1　分数タイルをかく

 $\frac{2}{3}$ のタイルをかきましょう。

子ども：正方形が1だから、それを3等分して…。

子ども：手でかくのは難しいなぁ。

◆分数の意味の学習を終えた段階を想定しています。

◆正方形を1とする分数の学習には、折り紙などを使った分数づくりが有効です。詳しくは、『算数おもしろ教具』収録の「分数パタパタタイル」をご覧ください。

 そんなときに便利なのが、〈分数定規〉です。

子ども：かきたい分数の枠を選んで使うんだね。

子ども：あ～、これなら楽だ～！

◆〈分数定規〉を縦にすれば、縦方向に分割した分数タイルをかくこともできます。

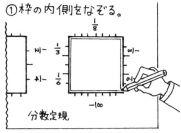

①枠の内側をなぞる。

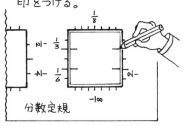

②3等分の位置に合わせて印をつける。

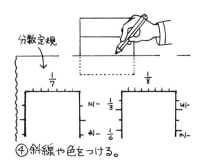

③定規をどけて、線で結ぶ。

④斜線や色をつける。

【分数タイルは正方形をもとにして】

教科書の分数タイルは縦長の長方形がもとになっていることがあります。しかし、分数のかけ算・わり算など先の学習を見通すと、正方形タイルが有効です。

上ネタ関連教材　算数おもしろ教具

○分数パタパタタイル

材料

ハガキ用紙（無地） 2枚（5円／枚）

ラミネートシート（ハガキ大） 1枚（5円／枚）

道具

カッターマット
カッターナイフ
定規

ラミネーター

作り方

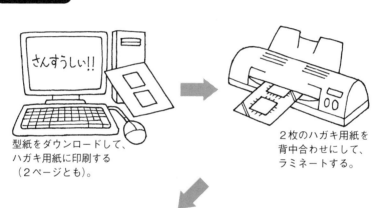

型紙をダウンロードして、ハガキ用紙に印刷する（2ページとも）。

2枚のハガキ用紙を背中合わせにして、ラミネートする。

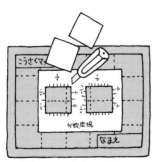

ラミネートしたカードにカッターで窓をあけて、完成。

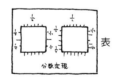

表

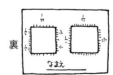

裏

COLUMN ④　　ひっ算の補助数字

　2桁のくり上がりのたし算をひっ算で解くとします。みなさんは、くり上がりの「1」をどこに書きますか？　他にも方法があるでしょうが、下の①②で考えてみます。

①
```
   1
   3 7
 + 2 4
 ─────
   6 1
```

②
```
   3 7
 + 2 4
 ─────
   6¹1
```

　教科書でよく使われているのは①です。2年生の段階では②のように小さい補助数字を書くことはむずかしく、①のように書く方がまちがいが少なくなるからでしょう。

　では、右上のかけ算のひっ算で▯のたし算（部分積の和）のくり上がりの「1」は、どこに書きますか？

　これを2桁のたし算のように①に書くという人はまずいないでしょう。①にあたる場所には、すでにかけ算の補助数字が書かれていて、たし算の補助数字を書く場所は残っていないからです。

　これは、困ったことです。下の学年で学習した補助数字の書き方が、上の学年では使えなくなってしまい、別の方法に変えないといけなくなってしまうのですから。

　実は、〈ひっ算の補助数字をどのように書くか〉について、教科書ではそれほどしっかりと定められていません。「授業者が子どもの実態を考え、先の学習を見通した上で決める」ことになるのです。

　ちなみに、私は②の方法がよりよいと考えており、そのために用意したのが〈らくらく計算シート〉です。

| 時　間　5分 | 費　用　50円 | |

分数シート

3〜5年

　$\frac{1}{2}$と$\frac{2}{4}$、$\frac{2}{3}$と$\frac{4}{6}$は、それぞれ等しい分数です。この等しい分数の関係を、教科書では〈数直線〉や〈横方向に切ったタイル〉〈縦方向に切ったタイル〉で説明しています。

　それらはひとつの方法ですが、等しい分数の表し方は他にもあります。そのひとつが〈十字に切ったタイル〉です。〈分数シート〉を使うと、分数定規などと組み合わせて〈十字に切ったタイル〉で等しい分数を表すことができます。

ステップ1　等しい分数をさがそう

　$\frac{2}{3}$と等しい分数を作りましょう。まず、分数定規で$\frac{2}{3}$を書きましょう。

◆等しい分数の意味は理解できている段階を想定しています。
◆ここでは分数定規を使っていますが、もちろん他の方法でもかまいません。

　まず、$\frac{2}{3}$を縦に2等分してみます。〈分数シート〉の2等分マスを、$\frac{2}{3}$のタイルに重ねてみましょう。

子ども：1のタイルを6等分した4つ分だから、$\frac{4}{6}$だね。

　つまり、$\frac{2}{3} = \frac{4}{6}$ですね。では、他のマスを重ねるとどうなりますか？

子ども：3等分のマスを重ねると、$\frac{6}{9}$になるよ。
子ども：4等分のマスだと、$\frac{8}{12}$になるね。
子ども：$\frac{2}{3} = \frac{4}{6} = \frac{6}{9} = \frac{8}{12} = $…なんだね〜。

◆ここで紹介したのは〈等しい分数〉の場面です。5年生の〈通分〉の学習でも活用することができます。

材料 **道具**

OHPシート　　　インクジェット用
(A4)　　　トレーシングペーパー
　　　　　　　　　(A4)

　　または　

1枚で2人分　　　1枚で2人分
（100円／枚）　（100円／枚）

定規
カッターマット
カッターナイフ

 作り方

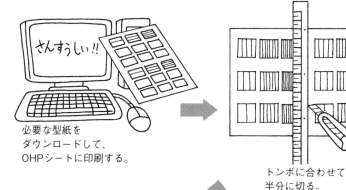

必要な型紙を
ダウンロードして、
OHPシートに印刷する。

トンボに合わせて
半分に切る。

完成。

※1辺の長さが違うバージョンもあります。

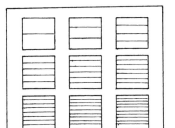

1辺4cm用は
分数定規と合わせて
使えます

COLUMN ⑤ 図形をたのしむ本

授業づくりには、教科書や指導書だけでは不十分です。

私は『ワッとわく授業の上ネタ』シリーズ（フォーラムA）や、『こまったときの算数の教え方』シリーズ（大月書店）・『まるごと』シリーズ（喜楽研）・『子どもがよろこぶ算数活動』シリーズ（国土社）などを手元に置いて、明日の授業を考えています。

しかし、そういう教育書以外にも授業のヒントになる本があります。

○『点と線のひみつ』
　　　　（さえら書房、2007年）

教科書に載っていない「やわらかい」図形のお話です。

○『ひと裁ち折り紙』
　　　　（萌文社、2004年）
折り紙を折って「一度だけ」切って開くと、アルファベットやマークのできあがり。

○『算数と図形　①図形と遊ぶ・②五角形の世界』
　　　　（星の環会、2003年）
新聞・画用紙など、身近な素材で図形をたのしみます。

教育書以外にこそヒントがあるのかも…。

時　間　5分	費　用　20円	

4年 かんたん分度器

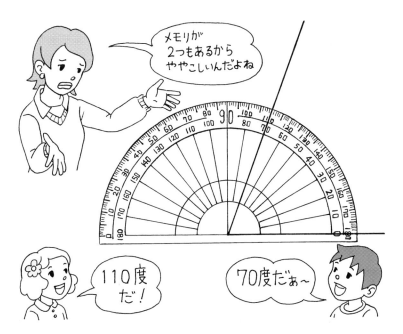

　４年生の〈角度〉では、分度器の使い方を学習します。しかし、市販の分度器には両方向の角度が書かれていて、学習の初期段階では子どもたちが混乱しがちです。
　まず正方向の角度だけが書かれた分度器を使うことで混乱を防ぎ、そのあと両方向の分度器に進む。学習途中の子どもたちにはそのような配慮も必要ではないでしょうか。

ステップ1 かんたん分度器の使い方

 さあ、分度器で角度を測る練習をしましょう。

◆角度自体の学習は済んでいる段階を想定しています。

 まず、分度器の中心を角の頂点アに合わせましょう。次に、分度器の赤い0度の線を、角の辺アイに合わせます。

子ども：ぴったり合わせないとね。

 では、角の辺アウと重なっているメモリを読みましょう。

子ども：赤い数字が「50」だから50度だ！
子ども：10度が5つだもんね。

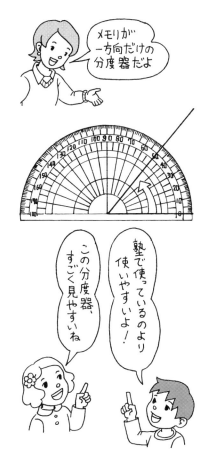

【角度の正方向】

多くの市販分度器には、時計回りと反時計回りの二方向にメモリがあり、大きくて目立つ外側のメモリが時計回りになっています。

しかし、角度の正方向は反時計回りですから、外側のメモリを反時計回りにしたほうがよいのではないでしょうか。

〈かんたん分度器〉では、外側正方向のみの一方向タイプと、内側に逆方向を加えた両方向タイプの2タイプがあり、学習の段階に応じて使い分けることができます。

[上ネタ 関連教材] 算数おもしろ教具

○角度メーカー

材料

透明フィルムラベル
（A4）
1枚で10（5）枚分
（150円／枚）

クリアホルダー
（A4）
※できれば厚手がよい
1枚で20（10）枚分
（10円／枚）

道具

カッターマット
カッターナイフ
定規　ヘラ　はさみ

作り方

型紙をダウンロードして、透明フィルムラベルに印刷する。

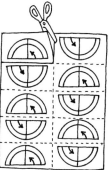
印刷したフィルムラベルを破線で切りはなす。

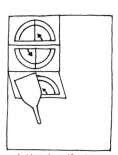
クリアホルダーにシールを貼る。

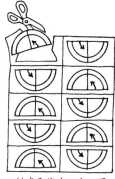
はさみやカッターで分度器形に切って完成。

半円一方向　全円一方向

半円両方向　全円両方向

用途に合わせて4種類！

COLUMN ⑥ ウェーブメモリ

　コンパス・分度器・ものさし…算数の授業ではさまざまな「道具」を使い、それを使うための練習には「苦労」がつきものです。そんな「苦労」を少しでも軽くできないか、というのが本書の副題でもある〈おたすけ教具〉の発想のはじまりでした。

　さて、本書で紹介している教具のうち〈竹「柄」ものさし〉〈長さメーカー〉〈かんたん分度器〉には、共通した工夫があります。それは「メモリに段差をつけて、読みやすくしている」バージョンがあることです。〈竹「柄」ものさし〉は左から右に読むことを前提に０〜５・６〜10の右上がりに、〈かんたん分度器〉は逆方向でも読むことを想定して５を中心にした逆山形にしています。

　2012年後半に思いついたこの発想を最初に取り入れたのは〈竹「柄」ものさし〉でした。その後、〈かんたん分度器〉〈長さメーカー〉へと範囲を広げていったのですが、その中で「メモリに段差をつける」発想が、すでに市販されている商品にもあることを知りました。

　これは、コクヨのユニバーサルデザイン製品のものさしに使われている〈ウェーブメモリ〉です。メモリに段差が

ついて、とても見やすくなっていることがわかります。また、メモリだけでなく文字の大きさや色使いなど、細部にまで配慮がされています。このような発想を、さまざまな教具に活かしたいものです。

※コクヨウェブページの「定規誕生秘話」は、教具に関心のある方は必読です。

時　間　5分	費用　100円〜	

4年 面積はかり器

　面積を測る基本は〈基本単位のいくつ分〉かを求めることです。その第一歩は、数えることでしょう。〈面積はかり器〉を使うと、いろいろなものの面積が 1 cm² のいくつ分かを数えて求めることができます。

　面積の導入段階はもちろん、計算で求めて終わりがちになる学習の後半にも機会を作って使うことで、面積の意味を理解し、量感のともなった学習にしたいものです。

ステップ1　面積を数えて測る

> この長方形の面積は、1cm²のいくつ分だと思いますか？予想してから、〈面積はかり器〉で確かめてみましょう。

◆基本単位（1cm²）は学習済みの段階を想定しています。

> では、身のまわりのものをいくつか選んで、自由に測ってみましょう。

子ども：何でもいいの？
子ども：手の平とか足の裏とか…。

ステップ2　計算結果を確かめる

> 面積を計算で求めましょう。計算できたら、〈面積はかり器〉で答えがあっているか確かめましょう。

◆長方形・正方形はもちろん、平行四辺形・台形・三角形などの多角形、さらには円なども、（概測も含めて）測ることができます。

◆結果を〈面積はかり器〉で確かめる場合は、図を実寸大で作っておきます。

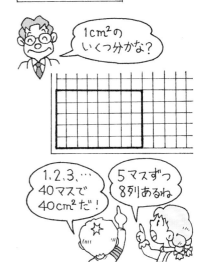

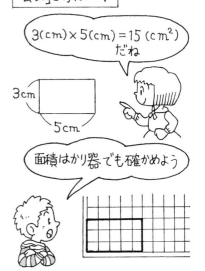

材料 / 道具

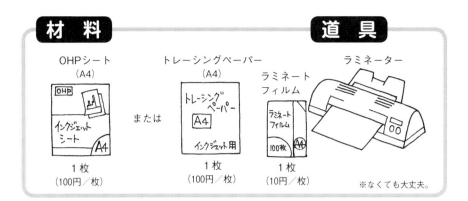

- OHPシート (A4) 1枚 (100円/枚)
- または
- トレーシングペーパー (A4) 1枚 (100円/枚)
- ラミネートフィルム 1枚 (10円/枚)
- ラミネーター ※なくても大丈夫。

作り方

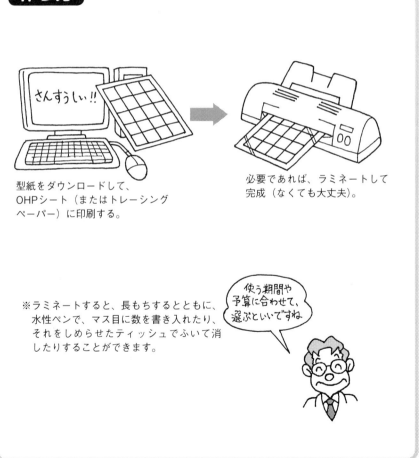

型紙をダウンロードして、OHPシート（またはトレーシングペーパー）に印刷する。

必要であれば、ラミネートして完成（なくても大丈夫）。

※ラミネートすると、長もちするとともに、水性ペンで、マス目に数を書き入れたり、それをしめらせたティッシュでふいて消したりすることができます。

使う期間や予算に合わせて、選ぶといいですね

COLUMN ⑦

数学教育協議会とその会員は、たくさんの書籍を出版しています。その中から、特に教具に関わるものを紹介します。

○『**教具でアプローチする算数**』（明治図書、1996年）

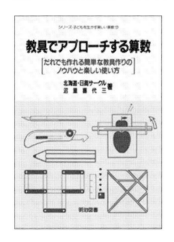

〈アクリル水そう〉など難易度の高いものから、針金ハンガーを使った〈ひっくり返る教具〉まで、たくさんの教具がつまった一冊です。

教具の本

○『**算数・数学おもちゃ箱**』（国土社、1998年）

〈はとめ返し〉〈下がり九九のしおり〉など直接授業に使えるものから、〈変身サイコロ〉など「算数あそび」の道具、さらには数学の授業で使えるものまでを掲載しています。

同書から算数に関する部分を再構成した『算数チャレンジおもちゃ箱』（国土社、2013年）も出版されています。

| 時　間　10分 | 費　用　110円〜 | |

6年 文字箱キャラメル

　算数の文字には、①「$x+5=7$」のように〈まだ求めていないけれど決まっている数（未知数）〉②「縦3cm、横$x$cmの長方形の面積を求める式は$3×x$」のように〈いろいろと変わる数（変数）〉があります。教科書では②から学習することもありますが、決まった数を求める①からの方が理解しやすいと考えています。
　文字を〈箱〉に見立てて学習するための教具を紹介します。

ステップ 1 てんびんでキャラメル

 この箱の中にキャラメルが入っています。何個入っているかわかりますか？

子ども：5個！
子ども：6個…いや、7個かな？

 ヒントです。箱をてんびんの左側にのせて、右側にキャラメルをのせていくと…。

子ども：1個、2個、3個、4個！
子ども：つりあった！ということは…
子ども：4個ということ？

◆片方だけにキャラメルの箱をのせるとつり合わせることができません。ここでは（向かって）右側にたたんだ箱をのせています。ご注意ください。

 どうでしょう。箱をあけてみますね。

子ども：やっぱり4個だ！

 では、第2問です。今度はどうかな？

子ども：左側に箱だけじゃなくてキャラメルものせるんだね。
子ども：ということは…3個？

 確かめてみましょう。あたりましたか？

ステップ2　黒板でキャラメル

　今度は、黒板にてんびんをかいてみます。てんびんの状態を式に書いてみましょう。

子ども：てんびんの左側は箱と2個。

　箱には何個入っているかまだわかりません。こんなとき、今までは「□」を使っていましたね。

子ども：「□＋2」だ！

　そうです。でも、みなさんは来年の4月からは中学生ですし、これからは文字を使って「x」と式に書くことにしましょう。

子ども：「$x+2$」になるの？

　てんびんの右側に7個のキャラメルがのってつり合っているので、「$x+2=7$」と書くことになります。xはいくつ？

子ども：5に決まっているよ～！

◆このあと、式変形でxを求める方法を学習していきます。

◆文字を箱で学習する方法は、遠山啓さんの発案で知られています。

材料

キャラメル
数箱
(100円/個)

コピー用紙
1〜2枚
(1円/枚)

マグネットシート
(シール付)
(100円/枚)

道具

セロハンテープ
のり
マジック

作り方

 →

セロハンテープで底を貼って、抜けないようにしておく。

箱の裏側に紙を貼って、マジックで x (y, a…) と書く。

黒板で使う段階になったらマグネットシートを貼ります

キャラメル

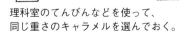

理科室のてんびんなどを使って、同じ重さのキャラメルを選んでおく。

全部同じ重さのもの

| 時　間　10分 | 費　用　15円 | |

対称ものさし

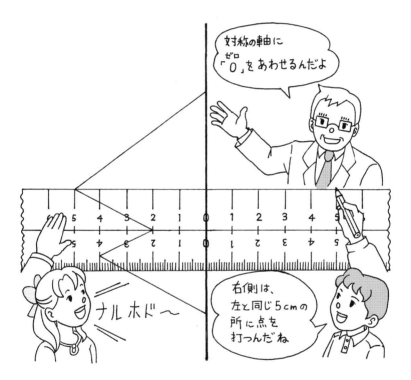

　線対称・点対称は、写し絵や切り紙などの活動を取り入れられる、たのしい教材です。しかし、作図にはむずかしい面もあります。
　〈対称ものさし〉（対称図形専用ものさし）を使えば、作図のむずかしさを少しやわらげることができます。

1　線対称な図形をかく

> 方眼紙に、対称の軸と、線対称な図形の半分がかいてあります。残りの半分をかいて、図形を完成させましょう。

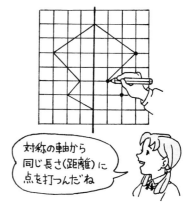

◎方眼紙で線対称

対称の軸から同じ長さ(距離)に点を打つんだね

◆線対称・対称の軸などの意味は学習した後の段階を想定しています。

> 今度は方眼のない紙に、対称の軸と線対称な図形の半分がかいてあります。図形を完成させることはできますか？

子ども：長さを測るのがめんどくさそうだ〜！

> そうですね。でも、〈対称ものさし〉を使うと、線対称な図形をかくのが、少し楽になりますよ〜。

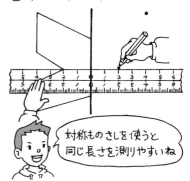

◎対称ものさしで線対称

対称ものさしを使うと同じ長さを測りやすいね

子ども：やったぁ！

2　点対称な図形をかく

> 方眼紙に、対称の中心と、点対称な図形の半分がかいてあります。残りの半分をかいて、図形を完成させましょう。

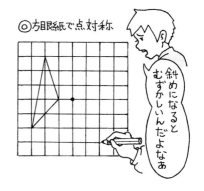

◎方眼紙で点対称

斜めになるとむずかしいんだよなあ

◆点対称・対称の中心などの意味は学習した後の段階を想定しています。
◆点対称な図形は、形によっては方眼紙を使っても（使った方が）むずかしいことがあります。どんな図形を使うかは、よく検討しましょう（極座標を使うのもひとつの方法です）。

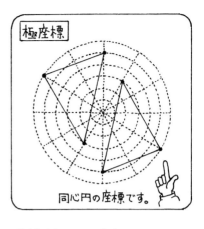

次は、方眼のない紙に、対称の中心と点対称な図形の片方がかいてあります。図形を完成させましょう。

子ども：線対称よりも大変じゃない？

そうかもしれませんね。でも、〈対称ものさし〉を使うと、ずいぶん楽になると思いますよ。

子ども：ほんとかなぁ？
子ども：試してみようっと。

◎対称ものさしで点対称

【図形の学習をたのしく】

　計算領域の学習は、既習内容の理解に左右される面が大きいのが現実です。しかし、図形の学習は、既習内容の理解に関わらずたのしめる部分がたくさんあります。

　そんな図形学習を最後までたのしむためには、作図の負担を軽減する必要があります。〈対称ものさし〉もそのひとつです。

　〈対称ものさし〉は、林和人さん（東北数教協）に教えていただきました。

[上ネタ関連教材] おもしろ授業 4〜6年
　○かいたり切ったり線対称

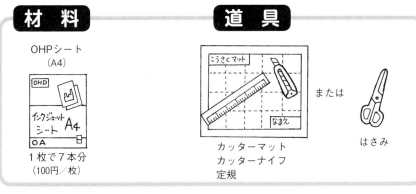

教具・教材カタログ1

いろいろなタイル

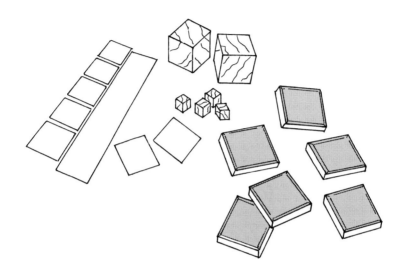

　数教協の実践では、正方形を1とする〈タイル〉が使われます。

　教科書にも〈ブロック〉として取り入れられているタイルですが、発案当初は、お風呂場などの水回りに使う、本当のタイルを使っていました（〈パタパタタイル〉〈タイルそろばん〉では、重さや質感を求めて、今でも本当のタイルを使っています）。

　現在使われている算数タイルには、画用紙・工作用紙・ゴム磁石などを使った平面のタイルや、木製（ときには樹脂製など）の立方体を使った〈ブロックタイル〉があり、学習の目的によって使い分けられています。

入手先

　インターネットショップ、百円均一ショップなど

教具・教材カタログ2

たまごパック

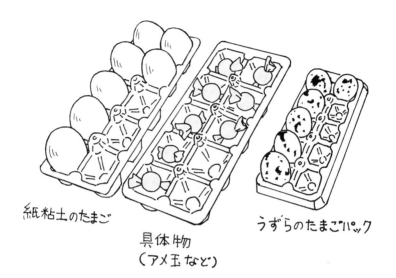

紙粘土のたまご
具体物（アメ玉など）
うずらのたまごパック

　数の学習、特に1年生では〈十あつまるとくり上がる〉ことをしっかりと理解する必要があります。

　そんな学習に使える〈おたすけ教具〉のひとつに、たまごパックがあります。日本のたまごパックの多くは5が2列の10個入りになっているので、中に具体物を入れると〈5といくつ〉で量を見ることができます。また、〈あといくつで10〉という10の補数もとらえやすくなります。

　紙ねんどで作ったたまごを使うなど、10の理解をたすける学習に活用できる、身近な素材と言えます。

　ちなみに、ヨーロッパには6が2列の12個入りのものもあるそうです。

入手先

　スーパーマーケットなど

教具・教材カタログ3

紙パック（牛乳パック）

①200mLのパック　②「屋根」を切り取ったもの　④「②」に「③」が9個入ります

③「②」を折りたたんだもの

　紙パックにはいろいろなタイプがありますが、200mL（底面約5.5cm四方、高さ約9.5cmのタイプ）の紙パックは〈ひと箱に同じずつものを入れる活動〉に使うのにちょうどよい大きさです。

　この紙パックが優れているのは、「屋根」の部分を切り取ると、ひとつの紙パックにたたんだ紙パックが9個入ること、つまり〈10個の紙パックをひとまとめにできる〉ことです。例えば、何かを23等分するわり算の活動なら、紙パックを〈10個のまとまり2つと、バラを3つ〉用意すればよいのです。

　この紙パックの使い方は芳賀雅尋さん（東北地区数教協）に教えていただきました。

入手先

　学校（給食）、スーパーマーケットなど

教具・教材カタログ4

トレーシングペーパー／**透明折り紙**ほか

〈透明な素材〉は、形を写しとったり、写しとったものをさらに別のものと重ね合わせるなど、いろいろな活動に使うことができます。94ページで紹介した〈面積はかり器〉もそのひとつです。

〈透明な素材〉には、OHPシート・透明シール・トレーシングペーパー・透明折り紙などがあります。OHPシート・透明シール・トレーシングペーパーにはプリンタで印刷できるものもあり、本書にも何度か登場しています。

透明折り紙は百円均一ショップでも手に入るので、角を写しとったり測ったりする活動（2年生の直角・4年生の角度）などにオススメです。

入手先

インターネットショップ、百円均一ショップなど

教具・教材カタログ5

ぶんまわし／くるんパス

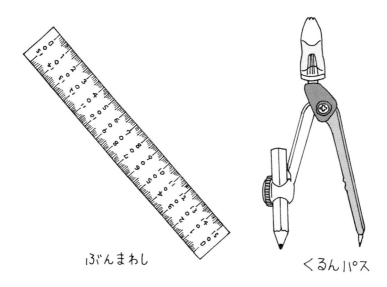

ぶんまわし　　　くるんパス

　コンパスで円をかくには、しっかりとした練習が必要です。

　練習が十分でないうちは、昔から使われている〈ぶんまわし〉を使うのもひとつの方法です。MIDORIのCL定規［15cm］には1cm間隔で穴があいているので、画びょうとボールペンを使ってかんたんに円をかくことができます。

　また、SONICのくるんパスは、持ち手にかぶせた〈くるんキャップ〉を持って軽く回すだけで円がかけます。

　本書では〈竹「柄」ものさし〉や〈かんたん分度器〉を紹介していますが、子どもに合わせて道具を選ぶことも大切なのです。

入手先

文房具売り場など

教具・教材カタログ6

外国のお金

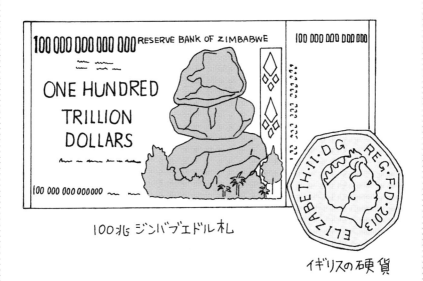

100兆ジンバブエドル札

イギリスの硬貨

　ジンバブエが超インフレ状態の時期に発行された100兆ジンバブエドルは、テレビ番組でも紹介されました。これだけ「0（ゼロ）」が並ぶと、読んでみたくなるのは、大人も子どもも同じでしょう。

　今は使われていない紙幣ですが、大きな数の学習などで、ちょっとした話題にできそうです。

　円は定幅図形（幅が一定）ですが、同じく幅が一定の図形に〈ルーローの多角形〉があります。イギリスの20ペンスや50ペンスの硬貨は、〈ルーローの七角形〉です。円の学習の発展になるかもしれません。

入手先
インターネットショップ、コイン専門店など

教具・教材カタログ7

ヨーロッパのワイン瓶

　メートル法は18世紀末のフランスで制定されました。日本ではほとんど使われていないcL（センチリットル）という単位も、ヨーロッパでは使われているようです。

　また、日本での小数点は<.>、桁の区切りは<,>ですが、それが逆になっている国もあります。日本では「千二百三十四点五」を「1,234.5」と書くところを、「1.234,5」と書く国もあるのです（桁区切りを空白にして「1 234,5」などとする国もあります）。

　ワインの瓶には、単位が「cL」、アルコール度数の小数点が<,>になっているものがあり、メートル法や小数の学習で使えます。

入手先
　スーパーマーケットのお酒売り場など

教具・教材カタログ8

ポリドロン／マグネットスティック

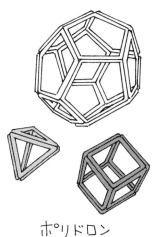

ポリドロン

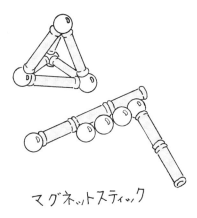

マグネットスティック

　立体づくりの方法はたくさんありますが、市販品にもおもしろいものがあります。

　ポリドロン［東京書籍］は、正三角形・二等辺三角形・直角二等辺三角形・正方形・長方形などのパーツを組み合わせて立体づくりがたのしめます。正三角形・正方形・正五角形だけでも、ある程度の立体を作ることができるでしょう。

　百円均一ショップには、棒磁石を辺、鉄球を頂点になるように組み合わせて立体を作るおもちゃがあります（百均より高くなりますが、メーカー品もあるようです）。

　どちらもおもしろい教具といえるでしょう。

入手先

　インターネット、百円均一ショップなど

教具・教材カタログ9

マトリョーシカほか

　拡大図・縮図の〈大きさが違って同じ形〉というイメージを伝えるにはどうすればよいでしょうか。マトリョーシカは立体ですが、そのイメージに近いと思います（外と中で微妙に形が違う場合があるので、よく選びましょう）。

　インスタント麺容器の中には「マトリョーシカ」にできるものがあります。同じものが大小2種類、中には4種類のバリエーションが出ているものもあります。空の容器を中に入れていくと、立派な〈カップ麺マトリョーシカ〉の完成です。

　拡大図・縮図のイメージ作りにいかがでしょうか。

入手先

　インターネットショップ、スーパーマーケットなど

教具・教材カタログ10

プラレール／ライントレーサー

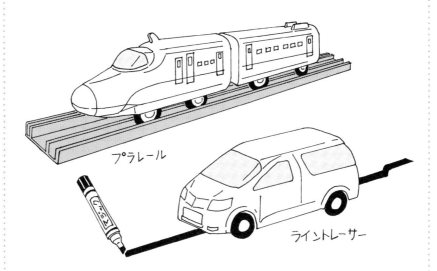

プラレール

ライントレーサー

　速さや比例の学習で使えるのが、プラレールやライントレーサーです。数秒間走らせて移動した距離を測り、速さや、さらに数秒後の移動距離を計算するのです。

　プラレール（百均の類似品も可）は、速さの違うものをいくつか用意するとよいでしょう。単3乾電池のかわりに単4乾電池とボタン電池を使って高速化するのは、小田富生さん（和歌山数教協）の発案です（規格外の使い方です。試す場合は自己責任で）。

　ライントレーサー（2000円前後）は、黒いペンでかいた線の上を、センサーで感知して動くので、きまったコースを走らせることができます。

入手先

　玩具店、百円均一ショップなど

《主な材料・道具一覧&購入先》

【購入先の目安】
- 百…百円均一ショップ
- ホ…ホームセンター
- 家…家電量販店
- 業…学校出入りの業者
- ☆…欄外下参照

（学校出入りの業者に注文すればすべて手に入ります。）

	百					家	百			家	
	コピー用紙	白画用紙	色画用紙	ハガキ用紙	白ボール紙	トレーシングペーパー	半透明クリアホルダー	カラークリアホルダー	ラベルシール	透明フィルムラベル	OHPシート
パタパタわり算練習器	○										
クリアホルダーde計算	○						○				
竹「柄」ものさし										○	
するするタイル	○		○				○				
パタパタ単位換算器		○									
じゃらじゃら					○						
キャタピラタイル											
タイルそろばん											
マグネットタイル										○	
単針時計											
時計おたすけシール									○		
パンチングジオボード											
かけ算九九下じき		○									
長さメーカー		○									
位取り定規				○							
かんたんタングラム	○										
ストローde立体											
わり算カード		○									
らくらく計算シート	○										
分数定規				○							
分数シート						△					△
かんたん分度器							○			○	
面積はかり器						△					△
文字箱キャラメル	○										
対称ものさし											○

（トレーシングペーパー列注記：印刷できるものを（百のものはにじみます）。↓）
（OHPシート列注記：印刷できるものを。↓）

☆1　モザイクタイル・アン［http://www.mosaic-tile-an.com/］など
☆2　オカモク楽天市場店［http://www.rakuten.co.jp/okamoku-s/］など

【基本的な道具】
カッターナイフ　　はさみ
カッターマット（大きいもの）
定規（ものさし）
セロハンテープ
ホッチキス　　のり

購入先	百 透明プラスチック板	百 マグネットシート	百 両面テープ	百 輪ゴム（カラー）	業 木製ブロック	ホ ラミネーター	ホ ラミネートフィルム	備考
パタわり						○	○	ホかどまる
ホルダー			△					百金属板（トレーなど）
竹柄もの	○							
するする			○					百ビニールテープ・ミシン目カッター
単位換算	↑0.7〜0.8ミリ厚。下じきでも代用可。		↑5ミリ幅を推奨。					
じゃら								百しょう油さし・ビーズ
キャタピラ				○				百布ガムテープ・セロハンテープ
そろばん					↑大きいものは百にも。			百はし箱　☆1モザイクタイル
マグタイル		○						百ヘラ
単針時計								百アナログ時計・ラジオペンチ
時計シール								業学習用時計
ジオボード				○				☆2有孔ボード　ホ皿小ネジ・ナット
九九下じき						○	○	
長さメーカー			△					百色マジック
位取り定規						○	○	ホかどまる
タングラム						○	○	百折り紙
立体ストロー								☆3ストロー
わり算カード					○			百一穴パンチ・リング
計算シート								
分数定規					↑9ミリ角は百にも。	○	○	
分数シート								
分度器								
面積はかり器						△	△	
文字箱								百キャラメル・黒マジック・マグネットシール
対称ものさし								

☆3　ストロー館　[http://shibase.shop12.makeshop.jp/]　など

『ワッとわく授業の上ネタ』シリーズ収録・教材教具一覧（算数編）

	算数おもしろ授業	③算数おもしろ教具２おたすけ教具編
1年生	①小学1～3年 4までの数／0／たし算・ひき算／5と9までの数／たし算／ひき算／文章題※⑤／10と10より大きな数／くり上がりのあるたし算／くり下がりのあるひき算／位置と言葉	クリアホルダーde計算／じゃらじゃら／キャタピラタイル／タイルそろばん／マグネットタイル／単針時計／時計おたすけシール／パンチングジオボード
2年生	たし算／ひき算／かけ算（導入）／かけ算（九九）／文章題／長さ／かさ／時間／三角形と四角形／箱の形	竹「柄」ものさし／するするタイル／かけ算九九下じき／長さメーカー／位取り定規／かんたんタングラム／ストローde立体
3年生	わり算（導入）／わり算（ひっ算）／わり算（まとめ）※⑤／かけ算・わり算／大きな数／小数／分数／重さ／長い長さ／円と球／図形の角と三角形	わり算カード／らくらく計算シート／分数定規／分数シート
4年生	大きな数※⑥／わり算（÷Ⅰ）／わり算（÷Ⅱ）／およその数※⑥／小数のかけ算・わり算／分数のたし算・ひき算／角と角度／垂直と平行／垂直・平行と四角形／面積	パタパタわり算練習器／かんたん分度器／面積はかり器
5年生	②小学4～6年 小数のかけ算／小数のわり算／分数のたし算・ひき算／わり算と分数／平均／単位あたり量／割合／体積／図形の角／図形の面積／円の周／立体図形	
6年生	分数のかけ算・わり算／速さ／比／比例／円の面積／立体の体積／対称な図形／図形の拡大・縮小／単位のまとめ／場合の数	パタパタ単位換算器／文字箱キャラメル／対称ものさし

① 『ワッとわく授業の上ネタ　あなたがつくる算数おもしろ授業　小学1～3年』
② 『ワッとわく授業の上ネタ　あなたがつくる算数おもしろ授業　小学4～6年』
③ 『ワッとわく授業の上ネタ　すぐに使える算数おもしろ教具２おたすけ教具編』

[注1] ※は重複して掲載されている内容です。○内の数字は掲載誌を示しています。
[注2] 教材・教具には複数の学年で活用できる物が多数あります。詳細は掲載誌をご覧下さい。

④すぐに使える算数おもしろ教具		ワッとわく授業の上ネタ	
大型整数タイル／整数パタパタタイル	⑤小学1〜3年	文章題※①	1年生
長さメーカー／くるくるかけ算九九／かけ算計算器／かんたんジオボード／スロットかけ算計算器		かけ算（導入）／かけ算（九九）／長さメーカー	2年生
わり算イメージわくわくマシーン／位取りカード／鈍感てんびん／円かき定規／分数パタパタタイル／位取り定規		わり算（導入）／わり算（まとめ）※①	3年生
角度メーカー・全円分度器／面積メーカー	⑥小学4〜6年	大きな数※②／およその数※②	4年生
くるくる面積公式／くるくる三用法／ペットボトル連通管水そう／かけわりマシーン／高さ見つけ器／割合測定器／倍数めがね／約数メガネ／立体図形展開図集		分数／割合／単位あたり量	5年生
くるくるメートル法／単位換算器		比例	6年生

④『ワッとわく授業の上ネタ　すぐに使える算数おもしろ教具』
⑤『ワッとわく授業の上ネタ　1〜3年』
⑥『ワッとわく授業の上ネタ　4〜6年』

（☆現行指導要領にあわせ、掲載時とは対応学年を一部変更しています。）

何森　真人（いづもり　まさと）
小学校教員、数学教育協議会会員、たのしい教育サークル〈ポッケ〉会員ほか
http://ami.to/sanssouci/　E-mail：sanssouci@ami.to

ワッとわく　授業の上ネタ
すぐに使える　算数おもしろ教具２　おたすけ教具編

2015年３月30日　初版第１刷発行

著　者　何　森　真　人
発行者　面　屋　龍　延
企　画　清風堂書店
発行所　フォーラム・Ａ

〒530-0056　大阪市北区兎我野町15-13
TEL 06（6365）5606
FAX 06（6365）5607
振替00970－3－127184
http://www.foruma.co.jp/

制作編集・仲田　義則

印刷・㈱関西共同印刷所／製本・立花製本
表紙デザイン・ネクストワン／本文イラスト・貴地邦公彦・鈴木涼子
ISBN978-4-89428-885-0 C0037